峰览云天

刘晓峰传

高峻◎著

光明日报出版社

图书在版编目（CIP）数据

峰览云天：刘晓峰传 / 高峻著. -- 北京：光明日
报出版社，2024.1
ISBN 978-7-5194-7573-4

Ⅰ.①峰… Ⅱ.①高… Ⅲ.①刘晓峰（1936-2020）
—传记 Ⅳ.①K827=7

中国国家版本馆CIP数据核字(2023)第205533号

峰览云天——刘晓峰传
FENGLAN YUNTIAN——LIU XIAOFENG ZHUAN

著　　者：高　峻	
责任编辑：谢　香	责任校对：徐　蔚
封面设计：金　刚	责任印制：曹　净

出版发行：光明日报出版社

地　　址：北京市西城区永安路106号，100050

电　　话：010-63169890（咨询），010-63131930（邮购）

传　　真：010-63131930

网　　址：http://book.gmw.cn

E－m a i l：gmrbcbs@gmw.cn

法律顾问：北京市兰台律师事务所龚柳方律师

印　　刷：天津奥丰特印刷有限公司

装　　订：天津奥丰特印刷有限公司

本书如有破损、缺页、装订错误，请与本社联系调换，电话：010-63131930

开　　本：160mm×240mm		印　　张：20	
字　　数：300千字			
版　　次：2024年1月第1版			
印　　次：2024年1月第1次印刷			
书　　号：ISBN 978-7-5194-7573-4			
定　　价：98.00元			

刘家畔村貌（2021 年）

1937年8月1日，神府特区政府暨中国人民抗日红军独立第一师庆祝八一暨华北抗战后援大会合影

红三团团长王兆相戎装照

从神府革命根据地走出来的四位省部级领导 左起：李正亭、王兆相、李子奇、李智盛

20 世纪 60 年代的刘长亮

刘晓峰父亲牵马图（2017 年画）

1969 年，刘晓峰母亲刘桂梅（右一）和二弟刘长健夫妻合影

平展的宫泊土地（2021 年）

宫泊学校大门（2021年）

20世纪70年代修建的宫泊学校教师办公室石窑洞今已废弃（2021年）

马镇黄河沿岸风光

马镇黄河护岸长堤（1982 年·马镇）

马镇合河村元宵节"迎贡"传统文化活动（2023 年）

榆林地区畜产公司下属皮毛总厂车间（2022 年）

1988 年 4 月，榆林地区畜产公司欢送延子明同志退休留影

1989 年 4 月，榆林地区畜产公司欢送刘晓峰等同志调职留影

1989 年 9 月，榆林地区畜产公司欢送胡守儒、刘斌义、田德林同志调职留影

主持召开西安办事处主任会（1990 年·西安）

1993 年 3 月，刘晓峰（右一）在哈萨克斯坦考察时，考察团成员在首都阿拉木图伊凡诺夫家中做客，左一为杨树成，左二为伊凡诺夫，左三为张展望

1993 年 3 月，刘晓峰在哈萨克斯坦考察期间与该国外贸部副部长（中）谈判，右为翻译

1993 年秋，榆林行署专员施润芝（左一），行署驻西安办事处主任刘晓峰（右）在榆兰酒店参加榆林地区与山东淄博市干部交流座谈会，中为榆林地区经委主任曹钦如

外出考察（1994 年·西安办事处）

刘晓峰主任参加榆林天然气化工厂6万吨甲醇装置建设项目签约仪式（1995年·西安）

奋斗者的足迹（1995年·采兔沟）

初进采兔沟林场时刘晓峰的住所——用五根木椽支起的柳笆庵子（1996年）

采兔沟改善后的住宿（1997年·采兔沟）

最简单的饭菜（1997 年·采兔沟）

二弟、三弟每天等待大哥刘晓峰带回来好消息（1997 年·采兔沟）

1999 年，刘晓峰与中央电视台 7 套栏目组记者合影留念

林木浇灌实现自动化（2000 年·采兔沟）

荣誉

采兔沟水库：榆神工业园区的"大水缸"

2002 年，华清公司董事长安黎（中）在神木县委书记万恒（右一）陪同下在樱桃巴塄林场指导工作

2003 年春，陕西省财政厅青年团员在采兔沟考察学习后合影留念

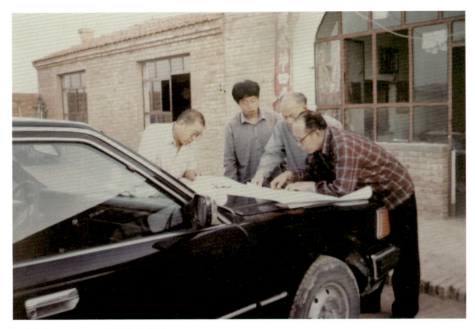

规划（2003 年·采兔沟林场）

接受媒体采访（2003 年·樱桃巴塄）

研讨会参会技术代表贾育才，对苗木前景十分看好

原天津市委副书记王恩惠（中）在采兔沟林场考察

2015 年 8 月 20 日，陕西省农业厅厅长白宜勤在神木县益宝盛种养殖有限责任公司（樱桃巴塄）视察

2015 年 9 月 25 日，陕西省农业厅畜牧兽医局局长杨黎旭（右一）在益宝盛种养殖有限公司视察

2003 年·樱桃巴塄林场

孜孜不倦

参加企业人员培训会（2017年·神木）

刘氏新院鸟瞰（2021年）

1982 年·神木县马镇公社   1993 年·榆林地区畜产公司家属院

1991 年·榆林地区驻西安办事处

2000 年·采兔沟林场

2005 年·采兔沟林场

2017 年·榆林

2018 年·西安

1982 年，杨秀林兄弟姐妹夫妇在杨家渠合影

2015 年刘晓峰、杨秀林夫妻合影

兄弟四人合影，左起：四弟刘启维、二弟刘启明、大哥刘晓峰、三弟刘晓川

刘晓峰与好友在佳县白云山道观，前排左四为刘壮民，左五为胡文标

1990 年春，全家福

1990 年春，与长子刘支堂全家合影

2002 年，家人在樱桃巴塄林场合影

2003 年，刘晓峰弟兄及家属与大姐合影

2003 年家人在樱桃巴塄合影

83 岁生日留念，右一：刘晓峰四弟刘启维

2018 年刘晓峰同家人合影

2018 年家人合影

序一

我和晓峰同志初识于20世纪50年代。

1951年10月，我从西北团校毕业后，被分配到神木县工作，先后在区、县团委，县委、县革委会等单位供职。这期间，晓峰一直从事教育工作，先当教师，后任公社教育专干。

1971年我调到榆林地委，直到1988年才调回西安。我和他虽未在一起工作过，但因工作和非工作关系，曾与他有过多次交往，对他比较了解。他任榆林地区驻西安办事处主任后，我俩往来次数增多，在频繁的接触中加深了了解，成了朋友。

神木是我的第二故乡，我一直关注神木的发展和变化，当然也关注着晓峰同志的成长和进步。

晓峰同志出生在革命老区，在艰苦的环境中长大。红色土地孕育了他坚定的理想信念和坚忍不拔的奋斗精神。他思想深邃、生活俭朴、亲近民众、言谈开阔，身上无半点庙堂之气，却散发着一股浓浓的家常气息，让人不由自主地亲近和尊重。他善作善成，一生创造多个奇迹，无论在什么岗位上都能干出一番不平凡的事业，特别是他从事外经贸工作和退休以后治理荒沙、参与国家混合制能源企业发展，具有杰出的成就和广泛的影响。

2020年3月，刘晓峰同志走完了他人生最后的历程，他留给后世的不只是一笔丰厚的物质财富，更是一笔宝贵的精神财富。每个人都有自己的追求和梦想，刘晓峰同志身上最能得到人们赞誉的是他的家国情怀、勇于探索的精神以及晚年对家乡和社会做出的突出贡献。他的人生自觉或不自觉地浸润着、影响着世人。因此，为刘晓峰同志立传是非常有意义的。

《峰览云天——刘晓峰传》一书将个人的奋斗历程置于不同时期广阔的历史背景和社会环境之中，以故事的形式娓娓道来。全书资料翔实、内容丰富，体例完备、逻辑清晰、表达流畅、引人入胜，评论客观公允，生活气息浓郁，人物形象鲜明突出，让人看了就如同见到一个真实的刘晓峰。作品既反映了刘晓峰同志不平凡的人生，也展现了一个地方社会历史的伟大变革。可以说，《峰览云天——刘晓峰传》无论从真实、完整和可信度上看，还是从文学描写的把握上看，都是成功的。

刘晓峰同志历经了新旧两个社会，经历了社会主义革命、社会主义建设和改革开放等几个历史时期。一部传记为刘晓峰的人生画上了一个完整的句号。晓峰走了，他直面人生的勇气，留给后人的精神财富，值得我们细细咀嚼，认真地去思考、学习和传承。

谨此，祝贺《峰览云天——刘晓峰传》的顺利出版。

李焕政

2022年9月26日

作者系原中共陕西省委常委、省纪委书记

序

　　刘晓峰离开我们以后，往日的同学、同事、亲朋好友以及所有与他相处相交过的人，无不深情地思念他、惋惜他、赞美他、传颂他。大家都希望出一本记载他生平事迹的书，让更多的人认识他、了解他。

　　最近，高峻先生撰写的《峰览云天——刘晓峰传》，经过一年多的艰辛努力，终于要付印出版了，这是让人无比高兴和愉快的事情。

　　之前，我有幸接受了高峻先生采访，并和其进行初稿讨论。我觉得该传文风质朴，言语简洁，内容丰富，内涵深厚。不仅全面真实地记录了刘晓峰80多年悲喜交集、风风雨雨的人生经历和工作轨迹，而且深入挖掘了刘晓峰"峰览云天"的思想境界和品质格局，同时将刘晓峰80多年来，成长、奋斗、发展、创业的全过程与不同时代的社会变迁紧紧相连、融为一体；以一幅鲜活的历史画卷展现在人们面前，使人耳目一新。读者能够从多个视角，了解神木历史人文、了解神府红色革命，具有鲜明的时代特征和长远的社会意义。

　　刘晓峰是沙峁镇刘家畔村人，我是沙峁镇沙峁村人，我们不仅是同乡，还是亲戚。沙峁村刘氏家族和刘家坡村刘氏家族同姓同宗，他母亲是刘家坡刘家的女子，长我两辈，是我的老姑姑。因此，刘晓峰长我一辈，我叫他叔叔。由于我年龄小他十多岁，因此参加工作也晚他十多年。我们虽然没有在一起工作过，但认识和交往却将近半个世纪。

回想我们几十年的交往，最核心的内容就是在一起交流谈心，每年多则十次八次，少则三次五次。我们的谈心交流天南海北，无话不说，话题最多的还是为人处世、理想信念、政治经济、社会时事、历史人文等等。当然只要和他见面，我少不了向他探讨请教工作上遇到的一些困惑和难题，让他出出主意，指指方向，把把关，定定弦。多年来，我的感觉是，和他交流是一种享受。他说话诙谐幽默，声音不高，语速较慢，但每说一句话甚至一个字都入情入理，满满的正能量，让人获益良多。可以这么说，他是我人生中遇到过的最好的良师益友。

作为我良师益友的刘晓峰，不仅仅是年龄长、辈分大、社交广，重要的是他的思想、他的理念、他的言行、他的精神能够照亮人、洗礼人、升华人、鞭策人。在全国不少地方只要认识刘晓峰的人，无论是政府官员还是民众，说起来都赞不绝口，称赞他是好人、善人、有本事人。以我和他的交往，我认为大家说得都非常准、非常对。但是，我却还是觉得少了点什么。思考再三，我想说，他是一个智商情商很高的奇人、超人，是一个"三观"端正，德高、品优、望重，值得永远回忆和尊重的人。

我之所以这么评价刘晓峰，是因为我在他身上发现了许许多多与众不同，常人很难做到的地方。我梳理归纳为十个方面：

一是不忘初心，牢记使命，生命不息，奋斗不止；

二是政治坚定，目标明确，立党为公，从政为民；

三是足智多谋，有胆有识，决策果断，敢于担责；

四是胸怀宽阔，思维敏捷，与时俱进，勇攀高峰；

五是高瞻远瞩，顾全大局，举贤荐能，唯才是用；

六是坚持原则，廉洁奉公，为人刚正，疾恶如仇；

七是古道热肠，悲天悯人，仗义疏财，扶危济困；

八是尊道重德，大爱仁慈，不忘滴水，知恩图报；

九是齐家治国，敬祖兴族，言传身教，哺育晚辈；

十是低调务实，生活简朴，吃苦耐劳，终身奉献。

水有源，树有根。刘晓峰为什么几十年如一日不改初衷，忠于党、忠于国家，为单位、为家乡、为人民、为亲朋、为家族、为所有和他有缘的人日夜操劳，无怨无悔，殚精竭虑，直至呼吸停止？为什么他工作过的地方，他兴办的事情都风生水起，红红火火，成多败少？因素很多，但我认为重要的有三个方面。

第一，中华文化的熏陶。中华民族有着悠久的历史和灿烂的文化。中华文化博大精深，中华文明源远流长。中华文化滋养着中华文明，中华文明繁衍着中华文化。当世界四大文明古国中的古埃及、古巴比伦、古印度昙花一现，凋谢消亡后，只有中华文明数千年生生不息、长盛不衰，延续至今。中华文化枝繁叶茂，丰富多彩，蕴含在中华文明的方方面面，滋养着中华儿女永不言败，永远向前。

众所周知，中国是一个有着几千年农耕文明的国家，农耕文化在中华优秀传统文化体系中一枝独秀，造就了中国独特的农耕文明。农业、农村、农户作为经济社会基础，支撑着我们国家坚如磐石，稳如泰山。刘晓峰出生在一个殷实的庄户人家，祖祖辈辈种地务农，农闲时也做一些小本生意。他从小受到良好的家庭教育和文化的熏陶，形成自己的价值理念和独有风格——明是非、知礼义，懂规矩、讲原则，重情谊、行大道。无论处理什么问题，做什么事情，都能站得高、看得远，立得起、过得去，都能经得起历史的考验和社会的认同。

第二，红色沃土的养育。沙峁是神府革命根据地的主要发祥地。在那血雨腥风的年代，刘晓峰的舅父刘长健是根据地的创始人之一，在神府地区很有影响。在舅父的影响下，他外婆家不少人和他的父母都加入了共产党，舍生忘死为党工作。外婆家村子大、人口多、有学校。刘晓峰刚满4岁，父母就把他送到外婆家里居住、上学，前后长达十多年。他在那片红色土地上生活，听红歌、听演讲、听故事，耳闻目睹了共产党人组织领导穷苦人闹革命、打天下的各种场景，深深地感受到了前辈们英勇顽强，不怕牺牲，前仆后继，浴血奋战，推翻帝国主义、封建主义、官僚资本主义三座大山，建立人民当家做主的新中国的艰难。红色沃土滋润培育了他的红色基因、红色梦想。他从小时候就懂得革命道理，信仰共产主义，决心当好革命接班人。他心里埋下的红色种子，在他步入社会，参加工作后，必然要生根、发芽、开花、结果，必然要成为参天大树，为人们遮阳乘凉，遮风挡雨。

第三，终身学习的动力。刘晓峰是一个聪明人，他在实践中早就懂得：几千年来，人类创造的知识财富浩如烟海，而人类社会进入20世纪中叶以后，现代科学技术的日新月异所引发的知识爆炸，更使知识的总量以几何式增长。在其总量扩大的同时，知识的有效使用周期越来越短，更替越来越快。知识总量扩张与更替周期的缩短，使人们学习的时间自然而然地从青少年时期延伸到人的终生，使人们学习的场所自然而然地由学校迁移到了社会，使人们学习的形式自然而然地由学会干变为边学边干。所以，刘晓峰把继续学习当作本职工作认真对待，不放过任何的学习机会，不浪费任何学习的时间，不停地学习，不停地充电，不停地探索，不断地掌握现代新知识，不断地增强自身竞争力，不断提高自己各方面的能力。学习充电增加的是营养，收获的是智慧。他用

一生的智慧，把自我与自然、社会这三者关系把控处理得顺
顺当当，恰到好处，彰显了他的人生定力和做事功力。每每
谈到刘晓峰，都会让人心悦诚服，肃然起敬。

　　刘晓峰的一生，是奋斗的一生、奉献的一生。《峰览云
天——刘晓峰传》是留给后人弥足珍贵的精神财富。读懂刘
晓峰，看着他如何燃烧自己，照亮别人，会不由得让人发出
"俱往矣，数风流人物，还看今朝"的感叹！

刘买义

2022年7月

目 录 CONTENTS

第六部
退休以后

第七部
修身齐家

第一部

山乡少年

故里

1936年4月9日（民国二十五年农历丙子三月十八日），刘晓峰出生在今陕西省榆林市神木市沙峁镇刘家畔村一个普通的农民家庭。

神木地处陕西北部，晋陕蒙三省（区）接壤地带。全市土地面积7635平方公里，是陕西省面积最大的县（市）。神木历史悠久，境内四五千年前就有人类居住，石峁遗址是目前中国发现的史前城址，为4000多年前中国北方及黄河流域的文明中心。

神木历史上一直是守卫中原、抗击外夷的边关前哨，素为"南卫关中，北屏河套，左扼晋阳之险，右持灵夏之冲"的塞上重地。古代的神木素有"弓马甲天下"的美誉。

古往今来，在神木大地上曾出现过不少英雄豪杰、仁人志士。他们为了保家卫国，为了获得民族独立和解放，勇于奋斗，甚至以身赴死。从北宋守边御辽、满门忠烈的杨家将，到明代的梁震，清代的郝伟、武凤来、秦钟英。

近代以来，神木更是仁人志士辈出，神木南乡是全国著名的革命老区。这里早在1927年就建立了中共党组织，1933年创建了神府工农红军，开辟了神府革命根据地。土地革命时期，神木儿女积极投身革命，奋勇保卫红色政权，粉碎了国民党的五次军事"围剿"。在残酷的革命斗争中，数千军民不屈不挠，英勇斗争，献出了宝贵的生命，神府革命根据地军民，用生命和鲜血在中国革命和中国军事史上谱写了一篇浓墨重彩的壮丽华章。抗日战争全面爆发前后，神府革命根据地

是党中央与晋北、晋绥、华北等革命根据地联络的枢纽。神府人民在
中国共产党的领导下，积极参加了抗日战争和解放战争，为全国人民
的解放事业做出了重要贡献。

　　刘晓峰就是在这样的历史背景和地理环境中出生、成长的。

　　他的家乡沙峁镇刘家畔村在神木以南距县城约50公里处。出了
神木县城沿着窟野河一直往南走，两岸是连绵不断的大山，高高低
低、连绵起伏。山腰岩石裸露，险峻雄奇。山麓散落着大大小小的
村庄。河流弯弯曲曲，像舞女的广袖，又像是一条玉带舒缓地在川
道上铺开。

　　到了沙峁镇继续向南行进不远，经贺家川就到了黄河岸边；从沙
峁起身，沿着左边朝着盘塘方向，就渐次走进群山环抱之中。

　　距离沙峁约10公里处，在庙峁分岔路口，转朝西，沿着山路上到
山顶，一片较为平展的塬地出现在眼前，视线一下子开阔了许多。极
目远眺，方圆数十里尽收眼底。

　　这里属于黄土丘陵沟壑区和黄河土石山区的过渡地带，地形不
一。也许是土地肥沃的缘故，此时村庄也变得多了起来。在山顶的盘
道上向西再走10多公里路程，下了坡就是刘家畔村。

　　刘家畔村清末属神木县盘西二里四甲，民国初年归神木县沙峁
镇。1936年4月15日，神府特区抗日人民革命委员会成立，刘家畔在特
区范围之内。1937年1月，神府特区抗日人民革命委员会改为神府特区
苏维埃政府，同年10月，神府特区苏维埃政府改为神府县政府，属于
陕甘宁边区，1942年起隶属晋绥边区。其间，刘家畔一直属神府县管
辖。1950年神府县、神木县合并为神木县，刘家畔属神木县（市）至
今。刘家畔东距黄河15公里，北靠王家峁、石沟、孟家墕，西接杨家
畔，东南与后杨家沟毗邻。如果走村庄西南方向的石坡，经乔河沟的
便道，距离沙峁镇仅3.5里路程，距贺家川镇7.5公里路程。

二

农耕之家

刘家畔，坐落在面南的一个小山畔上。小小的山村水石相连，绵厚的黄土地上生长着低矮的枣树和杏树等。从远处看，三十几户人家，一排排石窑洞，上上下下散落，依山而建。走近之后，你会发现石砌的低矮院墙，把这些窑洞三三两两分割开来，组成一个个院落。

村庄的对面是一道走马梁，老人们根据形状称龙山和虎山，从一个地名叫圪洞的地方下来，半坡上有一座二层阁楼式小庙，上一层供奉着观音菩萨诸神，始建年代不详。

村的中央，有一处由前、后院组成的院落，十分显眼。前院是大杂院，后院是四眼窑洞组成的四合院，供主人居住。整个院落看上去有些陈旧，细看，东西厢房，细厦子头戴，倒坐棚圈。后院窑洞和大门的屋平（屋脊）上分别建有中山楼，青砖包砌的大门，这一切似乎在诉说着主人当年富裕的生活。刘晓峰就出生在这座四合院正窑东边的第一孔窑洞。

据传明朝洪武年间，一对刘姓夫妇，拖儿带女来到沙峁刘家峁定居，开荒种地，繁衍生息。老祖宗在刘家峁扎下根后，刘姓夫妇的长子又带着子女到刘家梁村，再到刘家畔村。之后，刘家畔的另一支族人来到离刘家畔村不远的王家峁和刘家圪坨村开荒种地。随着本族的人丁兴旺，日益蕃昌，刘家峁村刘氏后人不断有人在黄家塔、半坡等村买田置地，安家落户。

因此，从尊祖一世开始，刘氏直系后裔除了刘晓峰这一支定居刘家畔外，另有几支分别迁居周边刘家圪坨、半坡、黄家塔和刘家峁几个村庄，迄今已有600余年，五个村庄总人口繁衍到1000多人。

因为年代久远，更早的先人已无法考证。从曾祖父刘茂春算起，到刘晓峰家在刘家畔已经生活了四代。据老人们说，刘晓峰的曾祖父一生勤劳智慧，可惜英年早逝，只活了28岁。曾祖父一生育有两个儿子，去世后兄弟两人艰难度日。长子即刘晓峰的祖父，叫刘发懿。懿者，美好也。的确，刘发懿是一位勤劳善良，头脑灵活的农民。祖母折氏，心地善良，乐于助人，颇受邻里尊重。她每天手不离活，打里照外，勤俭持家，是祖父的贤内助。他们育有三男一女，长子刘贵玉，次子刘贵印，三子刘贵全，即刘晓峰的父亲。一个姑姑嫁到了邱家塝，30岁就过世了，姑父一生受尽了煎熬，拉扯大两男两女。

次子即刘晓峰的二祖父，育有三男三女，全家13口人。由于曾祖父去世太早，刘晓峰的祖父又是老大，自然成了家长。俗话说"长兄如父"，生活的重担就落在了老大的肩上。他起早贪黑，揽工放羊，用瘦弱的身躯，年复一年支撑着这个贫困的家庭。弟兄两人相依为命，同甘苦共患难，一直同家过日子。

刘晓峰的祖父40岁以前，是他们一家最困难的时期，靠养种来维持生活，增加经济收入。刘晓峰的祖父饱尝了人间的辛酸。从他40岁那年开始，带领二弟及两人的6个儿子、5位家眷，逐步扩大农作物种植，兼做一些小本生意。经过他们长时间不懈努力奋斗，生活一天天好了起来。到了他58岁那年，弟兄俩都建起，一座漂亮的四合院，清一色砖包大门细厦子。马、牛、骡和驴子等大牲畜达到30多头（匹），其中骡子8头，在当地成了一个比较富裕的大家庭。这一年，老弟兄俩才正式分门立户，开始各过各的光景。

刘晓峰的父亲和他祖父一样勤劳、能干。在他的大伯父和两个伯母相继去世，堂兄参军的情况下，他继承家庭的优良传统，毅然决然挑起了几家人的全部生活重担。春种秋收，人情门户由他全力支撑着。母亲既聪明又能干，家务和农活样样精通。后来一女四男五个孩子相继出生，加上祖母八口人吃饭，家庭负担进一步加重。

土改后，刘晓峰家里仅余10亩薄山地。为了渡过难关，父母亲连年不停地耕种、养殖。到了1942年，养羊达到100多只，一牛一驴一马，四头猪，往后年年如此。牲畜（羊羔）全部出卖，积攒下的钱，逐年买回国民党并村时从沿川居住返回原籍农户的土地，以及土改时分给穷人家的土地。合作化入社时，刘晓峰家入了土地87亩。

三

祖父的勤劳致富史

这年的秋天，刘晓峰的祖父沤了两张牛皮，全部打成皮条，绾成牲畜的笼头，拧成缰绳准备好倒贩牲口。

刘晓峰的祖父、二祖父都是饲养牲口的能手，认牲口的岁数很准，把牲口的嘴巴掰开一看就知道几岁。受家庭的影响，刘晓峰的两位伯父也练就了这方面的手艺。他们"外看一张皮，下看四只蹄"，从牲口的毛色、皮张、蹄腿来判断牲口的体格和发育状况，预测以后的发展。

说到贩牲口，刘晓峰年轻的时候还有一段有趣的故事。

15岁的那一年，父亲对他说："你不小了，什么也不懂不行，你去菜园沟集上买一头毛驴回来吧。"说罢便赏发了17块大洋。

到了牲口集市上，刘晓峰转了几个圈子，不知道怎么买才好。这时有一位年岁较长的老头走过来，问："年轻人是不是想买牲口？把我的这头买上。"刘晓峰看老头很和蔼，就

既没问牲口几岁了，更没问价钱多少，把身上仅有的17块大洋全部掏出来递给了老头，生意立马成交。

回到家里，父亲问："你买的毛驴呢？""在前院拴着呢？"父亲走出去一看，原来是一头叫驴。这可气坏了父亲。父亲把道理给儿子讲了，也再没说什么。

因为叫驴性情暴躁，滚碾子、推磨都不行，干农活不顺当。第二年的春天，又在集市上卖掉了，卖了15块大洋，总算损失不大。

这件事给刘晓峰一生留下了刻骨铭心的记忆，在往后的日子里，他无论替公家还是自己做生意，都十分细心，等掌握了全部信息才做决断。

现在回过头来，我们接着讲前面的故事。刘晓峰的祖父准备牲口缰绳和笼头仅仅是小事一桩，大头是买牲口的本钱还没有着落。当时，

刘晓峰祖父修建的上下两处四合院如今修葺一新（2021年）

刘晓峰的父亲刚订婚不久，母亲的娘家在沙峁的刘家坡。外爷家也比较穷，无力资助，况且还没过门，一向争气的刘晓峰祖父断然开不了这个口。但是刘晓峰的二外爷爷家却是有钱人家。

秋收停当，刘晓峰的祖父来到刘家坡，在刘晓峰二外爷（当时未联姻）家下了四天工地（他们家当时每年雇用短工）。

二外爷问："刘发懿你是不是想娶儿媳妇了？"刘晓峰的祖父说："家里穷，娶不起，亲家户大人口多，娶亲不能太寒酸。"二外爷是个慈善人，靠勤劳致富，一向乐于助人。问："那你想做什么生意？可以帮你。"听到此话，刘晓峰的祖父喜出望外，直截了当地说："我想贩卖牲口，但是没有本钱。""贩卖牲口是件好事情。我正准备买四五十头牛，放贷给山头上（社会上）的花户人家。"

旧社会，陕北有牲口放贷的传统，有钱人家买来牲口租给农户使用，其产权归主家，使用期间生下的牛犊双方各占一半所有权。

刘晓峰的二外爷接着说："买上40头牛，每头按5块大洋计算，就是200块。我给你300块大洋，你看着挑好的买下。"当天，刘晓峰的祖父揣了300块大洋高高兴兴回到家。

三四天后，刘晓峰的祖父就买好了20多头牛犊。二外爷一看，果然个个小牛犊子毛色发亮，体格健壮，他看了后非常高兴。刘晓峰祖父退回了剩余的大洋。当即，二外爷二话没说再次借给刘晓峰祖父500块大洋支持他做贩卖牲口这桩生意。

从此，刘晓峰祖父开始下马镇集市上买牲口，从事牲口贩卖。上午买、下午卖，最迟三天倒贩出槽头，每头净赚十二三块大洋。集集到，会会跟，不到两年时光，赚得3000多块大洋，自己还买得两头骡子。

于是刘晓峰的祖父赶快到刘家坡还账。刘晓峰的二外爷没算一分钱的利息。这可难住了刘晓峰的祖父，他想：这可真是个大善人，做了好事不取分文利息。自己永远欠人家的一份情。他心里过不去，于是留下一匹疯骡子算是利息，结果二外爷还坚持付了24块大洋。

家庭富裕了，刘家修建了两处四合院，刘晓峰祖父弟兄俩各占一院。随后又迎娶了刘晓峰的母亲过门。

四

革命家庭

1927年上半年，随着北伐战争的节节胜利，神木南乡沙峁模范小学的师生开始积极宣传革命理论。当时模范小学的校长温亮典、教师刘北垣等都是爱国青年。

四一二反革命政变这一年，南乡第一个党组织秘密建立。共产党员王兆卿以校方视察员的身份在南乡各地秘密宣传革命理论、共产主义思想。1928年暑假，贾怀智、刘长健（刘晓峰的二舅）从榆林回来，带回了《向导》《共进》等宣传革命的刊物，在青年学生中间偷偷传阅。1929年春节后，王兆相（王兆卿的弟弟）、杨文谟、路茂怀等去榆林中学读书，在校期间，积极传播苏联社会制度的优越，反对校方封建黑暗教育，遭到反动军阀井岳秀的镇压。回乡后，他们继续热情宣传革命思想。

从此，三民主义、共产主义和苏俄革命的思想在神木南乡沙峁、马镇、贺家川等地的热血青年中广泛传播，为日后武装斗争的开展奠定了思想基础。

随着全国革命形势的发展，1933年10月，神府地区共产党领导的第一支武装——神木红军特务队建立，队长李成兰，政委王兆相。当时只有"三颗子弹的八音子和石头捣的六轮子"。1933年年底，神木的党组织有了很大的发展，神木南乡以贾家沟村为中心，南至葭县（今佳县）西豆峪（今属神木），北至神木沙峁镇、石角塔，东到彩林、刘家湾，西到贾家阳崖、张家沟，建立党支部20多个，发展党员200多名。

神木党团组织的发展，为开展武装斗争、创建革命根据地打下组织基础。1933年年底，神木红军特务队发展成为中国工农红军陕北游击队第三支队，他们打土豪、镇压税吏，受到人民群众的拥护，扩大了共产党和红军的影响。

1934年，创建神府苏区的斗争如火如荼地开展起来。9月18日，神木县革命委员会在一区王家庄成立。同日，神木县委在王家庄将原红三支队扩编为中国工农红军陕北独立师第三团，团长王兆相，政委杨文谟。党政军机构已建立健全，红色区域连成一片，标志着神府革命根据地正式建成。

11月7日，神木南乡呼家庄村召开神木县苏维埃代表大会，选举成立神木县苏维埃政府，主席呼子威（后叛变），副主席杨文谟。

神木县革命委员会和苏维埃政府主要开展以下工作：一是土地分配运动。颁布了一系列政策法令——没收反革命分子土地，废除一切债务，实行婚姻自由，提倡男女平等。如妇女剪发放脚，禁止赌博、禁止吸鸦片、禁止嫖娼、禁止迷信等活动。二是发展生产和商业。三是兴办文化和教育。四是健全群众组织，各村设立贫农会（团）、赤卫队、妇女会、少先队和儿童团。

1934年下半年到1935年上半年，神府苏区得到大发展，包括神木、府谷的大部分和榆林（今榆阳区）建安堡以东、佳县通镇以北的地区，涉及人口14万左右。根据地共建立24个区，其中神木14个区，府谷7个区，山西兴县沿黄河3个秘密区。其间，神府苏维埃政府在上述地区广泛开展了以土地分配运动为中心的革命斗争。

在土地分配运动中，当地政府了解到刘晓峰的祖父口碑不错，在山头上很有影响。王恩惠、贾怀光多次找他的祖父谈话，引导他拥护红军，支持共产党。

经过多次宣传开导，刘晓峰的祖父深明大义，向党组织表态："我现在过得不错，可是几辈子人受尽官府的欺压、老财的剥削。现在我有两囤粮120多石，牲口羊子也有，党需要什么，我贡献什么。"

就这样，刘晓峰的祖父家的土地全部分给群众，村民每人分山地5亩，自己家只给父母留了10亩。

在党组织的教育引导下，刘晓峰的大伯父、二伯父、二伯母以及他的父母亲、堂兄刘贺怀等都积极向党组织靠拢，一大家子7个人成了共产党员。

刘晓峰祖父家里成了党的一个秘密联络点，神府苏区的军政领导经常在他们家里召开各种会议。一段时间，神府县政府就扎在刘晓峰父母的家。

刘家畔村三面临石沟，一面靠山，地势十分险要，遇到紧急情况，转移起来极为方便。村西南方向有个崖窑湾，半山腰有一个天然大石洞，石洞内住300人绰绰有余，古时是村民躲藏土匪藏身的地方。战争年月，老百姓也曾经在此躲避战乱。土地革命时期，当地军民利用石洞转移伤病员，召开会议，是党的一个很好的落脚点。

1930年7月，贾怀智组织的沙峁小学教师研究会成立合影

1933年11月，神府红军特务队改编为陕北游击队第三支队后，刘晓峰的姐夫刘斗威，堂兄刘贺怀积极响应神府特委的号召先后参加了红军。国民党反动派为了监视刘家畔村的革命活动，从沿窟野河川道地区的斜塔、白家川、下刘家坡等村强行并来30户、128人居住在刘家畔。

然而经过党的宣传工作，又在这128人中发展了11人加入了共产党，刘家畔成立了有25名党员的一个比较大的党支部，刘晓峰的父亲担任了支部书记。

五

出 生

1936年4月8日（农历三月十七日）晚上9点左右，劳累了一天的农人早已上炕歇息，进入梦乡。夜空繁星闪烁，微弱的月光洒满了大地，高原上山村一片寂静。

这时，只有刘家畔当庄一户人家的窗户还亮着灯，主人刘贵全坐在地下的小板凳上吧嗒吧嗒抽着旱烟，一声不吭，似乎在思索着什么。女人盘腿坐在炕上，借着微弱的灯光整理着碎布片，为自己将要出生的孩子储备尿布。山风掠过，院子里不时传出玉米秸秆叶子的沙沙响声。

忽然，村东头的狗狂吠起来，没叫几声，又戛然而止。此时，神府地区已经开始闹革命。

不一会儿，有人在敲刘贵全家的大门，一对年轻人竖起耳朵，仔细辨别。刘贵全快步走到大门上，低声问明情况，原来是临近村的地下党员护送伤员。

伤员叫刘长亮，沙峁刘家坡人，是刘晓峰的远房舅舅。刘长亮患了"血汗伤寒症"，鼻孔流血不止。组织上希望叫刘贵全夫妇照料，一

红二十八军解放沙垰纪念碑

方面因为两家是亲戚关系，另一方面刘贵全夫妇都是共产党员，人年轻，政治可靠。加上刘家畔村地处偏僻，不在交通要道上，敌人不易发觉，比较稳妥。

早在1935年农历八月十五日，神府党的主要领导干部在王寿梁召开会议，重新成立了神府党的工委，张晨钟任书记，毛凤翔任组织委员，乔钟灵任宣传委员，刘长亮继续任青年委员。

刘长亮是神府党的主要领导干部，所以他的安危事关重大。面对妻子临产就要生育的现实，刘贵全没有犹豫，接受了这个任务。夫妻俩随即收拾铺盖，生火做饭，安顿好了一切。

也就在这一天的半夜1点左右，随着一声清亮的啼哭，一个男婴降生了。刘贵全的女人看着破被下的小生命，露出了苍白的笑容："他大，给孩儿起个名字吧？"

叫个什么呢？刘贵全憨憨地笑着，抓了抓脑皮，"嗯嗯"了两声，半天没说出一句话来。的确，对没文化的他来说，干个农活，哪怕再难也难不住。可这起名号，那是文化人的事，总不能叫猫猫狗狗吧？况且，叫猫猫狗狗的孩子村里太多。

"这不，有现成的文化人，为啥不请教呢？咱哥哥呀！"夫妇俩茅塞顿开，高兴地咯咯笑着。

就在刘晓峰出生前的3月25日，红二十八军军长刘志丹、政委宋任穷率领所部解放了沙峁镇。4月1日凌晨，红二十八军在红三团的配合下在贺家川山坡村东渡黄河。

刘长亮得知是个男孩，想了想，说："就叫启红吧！"

就这样，启红成了他的乳名，加上姓氏就是官名，直到1951年从榆林师范毕业参加工作很长一段时间，他才改名叫刘晓峰。

六

精心救治伤病员

1936年年初，神府党工委青年委员刘长亮在葭芦县委从事革命活动。一天，在马家沟去往王寿梁参加团县委召开的会议途中，遇上狂风暴雨，不小心得了感冒。次日，住在刘家沟土窑洞感冒加重，到了贺家川越发严重，不能行走。因为缺医少药，无奈喝了碗面疙瘩汤，感觉稍微安稳了些。

第二天，刘长亮又去杨家沟参加工农代表会，选举特区政府人选及布置工作。结果因为劳累感冒转为伤寒病，当时由王恩惠负责照顾，得知高锡庚"围剿"消息后，特委迅速转移。刘长亮当时处于昏迷状态，被送到马家洼隐蔽，敌人在进攻贺家川时，刘长亮被老乡从枪林弹雨中背出，藏在旧石岩洞里。

刘长亮的病时好时坏，幸亏有刘长亮的伯母及医生周先生随身照顾。一天晚上，他坐担架被转移到杨家沟一干部家里，喝了两服中药才发出汗来。紧接着，因敌人"围剿"而再次转移到比较偏僻的刘家畔村。

为确保刘长亮安全，农历的三月二十日晚上，刘贵全一家和刘长亮等4人搬进石岩。本家人抚琴背了几背圪针（野酸枣树枝）先在石岩洞边点燃，用烟火逼走洞里的寒气。然后再用家里的毛毡、毛口袋把石岩洞口封好。洞里取暖靠两个硝炉烧的木炭，做饭靠一个风箱。他们在岩洞里住了57天。

刘长亮的病经过老中医的精心治疗，有了好转。其间，几次因情势紧迫，他被抬进抬出，先后到刘长亮家里、李家塔石沟等处隐藏。最后，党组织送他到武家西山和山西的李家梁治疗，而后回到家里。

前后有百余天，浑身发了六次汗，病才得到彻底治愈。由于治病期间服用了烟片，染上了大烟瘾，之后才艰难戒掉。

刘长亮在刘家畔期间，经常利用空余时间给村里的党员开会，讲解革命道理，动员他们开展革命活动。他给刘晓峰父母说："刘家畔村里没有学校，你几辈人目不识丁，要把启红这孩子早一点送到刘家坡，可以住在刘长刚他舅舅家。上学识字。"

在刘家畔石岩期间，刘长亮的血汗伤寒症传染给了刘晓峰的大表兄，经医治无效，年仅14岁就走了。当时，刘晓峰的大舅刘长刚及三舅刘长锐，把刘长亮接回刘家坡，四处请名医治疗，但都无济于事，病情不见一点好转。

此后，他们利用晚上多次把中医及中药送到刘家畔石岩，给长亮诊断、服药，费尽了苦心。刘晓峰的大舅虽然把亲生儿子的生命给断送了，但是对刘长亮仍然毫无怨言，他们把悲痛化作求生的欲望，四处求医，不断地送药，直到刘长亮病愈。刘长亮家境贫寒，只是他大妈来刘家畔伺候了一个多月，吃喝基本上都是刘晓峰家支付，医药费大部分是刘晓峰的大舅支付。

刘长亮在各地治疗期间，每到一处都给家人和亲戚朋友及群众传染上疾病，先后有几人不治身亡。因此，可以说是人民群众用生命给刘长亮续命。

七

岁时的记忆

陕北的春节向来十分红火热闹，扭秧歌、闹社火、说书、唱戏、赶集市、祭祖、逛庙会，各种活动异彩纷呈。从腊月二十三开始，家家户户推碾滚磨，生豆芽、酿黄酒、做豆腐、杀猪宰羊，准备过年用的各种食物和置办各种年货。

过年，是刘晓峰对儿时贫困生活最美好的记忆。

刘晓峰家过年一般是年三十早上捞几碗小米捞饭，其中两碗插一些红枣供奉财神，叫隔年捞饭，祝愿年年有余。然后烩上一锅由豆芽、豆腐和猪肠等和在一起的猪肠子汤，一家人吃一顿小米捞饭猪肠子汤，这算早饭。中午是炸油糕、豆面汤。晚上不论大人小孩，一人一个一两五钱的白面馍，捞一盆黄米捞饭，烩一锅放有猪肉、豆腐、粉条等食材的大杂烩。全家人围坐在一起欢欢喜喜吃一顿年夜饭。

吃饱喝足了的孩儿们，最期盼的是充满欢乐和兴奋的除夕之夜。刘晓峰比几个户家兄弟和邻居孩子的年龄稍小，然而他却是娃娃头。捉迷藏、放鞭炮，带着六七个孩子嬉戏打闹。

大人们也有大人们的乐趣，他们会组织一场纸牌或者明宝（一种宝盖扣宝星的赌具），他们一时忘掉了生活的不易和烦恼，通宵达旦玩一场，常常引来群人的围观。

正月初一，早上起来喝一碗黄酒，然后晚辈就去给族里的长辈拜年。凡是接受拜年的大人都要给娃娃们压岁钱，生活困难的给两个花馍馍（一斤面粉蒸30个），生活好些的会给20个麻钱。这是老规矩。中午家长们把平时舍不得吃的白格生生的白面拿出来做成猪肉或羊肉馅儿水饺，这就把年过了。

正月初二早上吃豆腐渣角子（类似包子，豆腐渣馅儿，高粱面皮），豇豆稀饭，下午是绿豆稀饭。正月初五早上吃一顿荞面角子，叫添男饸饹，盼望家添男丁。

正月初十中午，再吃一顿油糕豆面汤，叫染金子头。正月十五吃荞面角子。晚上打火，各家各户都要专门给神灵点燃一堆篝火，祈求一年四季财源广进，保佑全家人大吉大利、百无禁忌。火头过后，把供奉财神的大花馍给孩子们在火堆上烤着吃一个，大人烤着吃一块米馍。正月二十三吃一顿高粱面角子，叫填狼口，为的是免遭狼害。二月二早上，把年茶饭剩余的豆腐、豆芽及少量的猪肉、羊肉加一点粉条，烩一锅菜，捞一盆小米捞饭，就算年过完了。

老百姓说"年好过，月难过"，旧社会人们平时的饭食大都"糠菜代"，生活十分俭朴。一年到头五月初五吃一顿软糜子窝窝，六月六新麦子下来吃一顿白面，七月十五吃一顿黑面窝窝头，八月十五吃一顿饸饹。腊月初八吃一顿软米粥，粥里加一些甜瓜、红枣。

那时农人们一年的饭食分农忙和农闲两种。农忙时，受苦人苦力繁重，吃的饭食耐饱，相对好些；农闲时吃得差些。

刘晓峰的父母精打细算，最会过日子。每年从正月初二开始，他们就思谋着备办一年的吃喝。事先从石碾子上把所有的谷子进行处理，一部分碾成精米，一部分碾成二八成糙米。从清明到十月初一这段时间，是农人春耕、夏锄、秋收的季节。主食吃的是由一石糙米搅四斗细糠，磨成面粉蒸成的窝窝头。

从正月十六到清明，再从十月初二到十二月二十三为止，这两个时段内，属于农闲季节，每天早上的家常饭是黑豆窝窝。

从刘晓峰曾祖父到父母，他们在这片贫瘠的土地上年复一年，就是吃着这样的粗茶淡饭，养育着几代人，走过了漫长的人生道路。

在往后的岁月里，刘晓峰每每吃上大鱼大肉、丰盛的酒宴，总会陷入沉思。他想起父母，想起他们有生之年过的那种艰苦生活，内心会掠过一丝隐隐的痛楚，油然产生一种对父母怀念的忧伤之情。正是这样的情怀，养成了他一生俭朴的生活习惯和吃苦耐劳的奋斗精神！

八

接济乡亲度荒年

转眼到了1947年的冬季。

刘晓峰的父亲思忖着："今年跌下大年成，家家户户没粮吃，可这生意还是不能误。"于是，赶了两头个头最大、力气最好的黄牛，先到高家堡（刚解放）驮了600斤碱，过黄河，经过七八天时间贩到山西岚县、原平一带，又在当地买了600斤黄谷米，五六天后驮回家里，来回一趟需要将近半个月的时间。每次晚上回来，把米入窖，天不亮就又离开村庄，再去高家堡，不是驮碱，就是驮食盐。如此往返了五次，用了两个多月时间，换回来大约十石粮食。

过年时，刘晓峰的父亲给母亲说："吃的够了，咱还能有十余石粮，明年换一部分大烟，将来大烟一卖，挣好多钱，把下刘家坡村刘秋旺的10亩地买回来就够种了。"他越说越高兴。

刘晓峰的母亲说："村里一半人家过年后，正月就没有粮下锅，非饿死不可；下院大哥、六弟，上院二哥、贺怀（刘晓峰堂哥）年也过不了。俗话说，好狗照三家，好男顾全村。灾荒年，帮助全村度过荒年，救人要紧。红军开辟时，那么多的东西和土地都交给了政府，咱们全家人都入了党，秋天里你交了六石公粮，把所有的钱都交了政府，咱们家成分还是贫农，你这辛辛苦苦，又挣回了十石粮。你仔细地盘算盘算，留下够咱们吃的就可以了，把余下的粮很快借给众人。"

刘晓峰的父亲想了几天，终于同意了妻子的意见。他请过来二弟说："你的粮现在还有多少？夏粮下来前还短多少？"

刘晓峰的二伯父说："吞糠咽菜，我不短多少粮，能熬到夏粮收获的时候。怀德正月一过就吃不开了，拴怀短两个月的粮。你问这些话啥意思？"

刘晓峰的父亲说:"我朝山西跑了五回,这你知道,我挣了十石黄谷米,父母亲经常教导咱们说,宁叫细流,不能叫断流。我准备给你借点粮。"

刘晓峰的父亲又给刘晓峰的伯父借粮食,伯父说:"我不用粮,你给怀德(伯父的大儿子)借些粮就可以了。"父亲说:"给你借三石黄谷米,给下院借上三石,再给底树父子借上两石。"伯父说:"你受了罪,众人吃粮,真有点儿过意不去。现在每斗米涨到八块大洋,过了年还要涨。"刘晓峰父亲说:"我知道。"

随后,分头给本家几户借出了八石粮。

刚过了两天,孟家塌王小领着孟国斌的女人来借粮。孟国斌家境十分贫寒,父亲给地主揽工放羊。孟国斌刚满12岁,就成了财主家的放羊娃。孟家塌和刘家畔两个村庄地土毗邻,姻亲相连。王小和刘晓峰父亲自小在一起玩耍,是年轻时的好朋友,在刘晓峰父亲面前说话很有分量。

孟婶娘自我介绍说:"国斌随军解放大西南去了,派人把我们母子三人送回孟家塌,没有一颗粮,咱地方遭下这么个大年成,村里的人自己都没吃的,顾不了我们。村里喜根领我找到区上,区上给了我五升小米。我娘家在吴堡,家里也没什么亲人了!"说着说着,就泪流满面。

她又说:"国斌走的时候告诉我,如果没有吃的,刘家畔有个刘侯应(刘晓峰父亲的乳名),你找他,让他给你想想办法。喜根小时候与王小、国斌、侯应几人是许口拜识(口头结拜弟兄),让王小引你去找侯应,看给不给你借一二斗粮。"

刘晓峰父亲非常爽快,一口答应说:"行,没问题。"让刘晓峰母亲赶快烧火做饭,刘晓峰母亲给做的拌汤捞饭。刘晓峰的父亲说:"王小,你担上一担炭,我背上一背长菜和咸菜(挖的野菜),用牛给你驮上一石口粮,明年不够,咱再调剂。"吃完饭后,几个人拉着牛,背着菜，担着炭，直接送到孟婶娘家里。

孟国斌从小参加革命，解放战争时期在军队上官职升到师级，多少年来一直杳无音信。

20世纪70年代，刘晓峰的三弟刘晓川在位于杨凌的西北农林科技大学上大学。有一天，学校组织师生聆听老红军做报告。报告会开始前，主持人介绍：今天做报告的孟师长，是老红军，是一位身经百战的老革命。

报告会开始了，刘晓川一听这位师长怎么一口神木家乡话。"师长难道是陕北人吗？"仔细辨别，的确是地道的神木南乡口音啊！报告中，孟师长说：我的战友黄进山非常勇敢，是一个神枪手。

散会后，刘晓川等师长走出会场，主动走上前去毕恭毕敬地说道："师长您讲得很生动，对我们教育很大。师长，您是哪里人？"师长说："神木县孟家塌村子里的。"刘晓川说："您讲的黄进山，是不是石沟人，石沟村离我们村三里地，我是刘家畔的。"

师长猛地一惊，把刘晓川反复看了几眼，问："你父亲是不是叫侯应？"刘晓川说："正是家父。"他亲热地一把把刘晓川拉在跟前，要刘晓川到他家里去吃饭，还说："我和你父亲是拜识（结拜弟兄）。"刘晓川说："拜老子，我下午还有课，晚上我一定来看你和婶婶。"他说："好。"并把他在杨凌干休所的详细家庭住址告诉了刘晓川。

后来，刘晓峰在西安工作，前后七八年时间，多次和三弟刘晓川登门拜访两位老人。二老对他们弟兄特别热情，每次在一起时总是谈天说地，回忆往事和父辈的友情，询问家乡的人和事，关心家乡的变化。

九

逃兵当了副乡长

1947年的腊月二十日，刘家畔村来了一个不脱产的杨（学忠）副乡长，带着山头上（社会上）十几个不务正业的人。

"杨副乡长"由农会主任解侯保接待，住在刘某某老婆杨氏家里。

杨氏这个女人膝下无儿，只生了两个女儿。家产丰厚，有几十亩好地。一辈子就爱挑拨离间，无中生有，社会声誉一塌糊涂。区乡干部一来她就请到自己家给好吃、好喝、好招待。但她却在骨子里对共产党充满了仇视。

杨氏年轻时嫁给了国民党保长，生了两个女儿都嫁到了大地主家。不论抗日战争还是解放战争，她没做过一双军鞋，她家可能是全神木县最特殊的一户人家。

话再说回来。当天下午来人把刘晓峰的二伯叫去，到了第二天早上还没放回来。刘晓峰的母亲感觉情况不对，但他父亲认为没事儿。中午，山头上来了不少人，通知开会。杨副乡长说："今天开补捞成分会，按三代排列，刘贵应（刘晓峰的二伯）定富农，刘贵全（刘晓峰的父亲）定金银地主。"并让刘贵全交代金银财宝及粮食。刘贵全很恼火，说"没有。"他们又找刘贵全的女人。刘晓峰的母亲说："男人的事我不知道。"

乡长宣布交给群众，叫区里几个恶人把刘贵全扎扎实实地捆起，吊在树上。杨副乡长逼问："你说不说？"刘贵全说："你这杂种，老子是金银地主吗？"杨智旺、孟喜根、王志印、石五牛等一群人连忙说情："把人放下，此人不能给定成地主，不够。钱没有了，粮食可能还有点，商量商量好办！"

杨副乡长大怒："他不说，我们下去开地窖！"说完，他在前面走，后面跟了一群人，来到刘贵全家的东石窖，把地窖打开，发现了近10石粮食，一缸麻钱，半缸麻油。他们宣布分给群众。不明真相的群众争先恐后拿走了粮油。杨智旺说："你们把粮都拿走，让这家人都往死里饿吗？"边说边往刘贵全家抽了2斗多粮。来人将麻钱交农会保管，又乱挖一阵。不料在门跟前挖出一个大罐，提出一看，铜圆、麻钱。

原来"工作组"进了刘家畔村，第一个审问了刘晓峰的二伯父整整一个下午，结果一无所获，决定定他为富农成分。又问刘贺怀，刘贺怀是个穷光蛋，靠投机取巧过日子。告密说，他曾经看见刘晓峰的姐姐挖地窖，肯定是在藏金银财宝。结果，挖出来的是铜圆，没有挖到更贵重的金银元宝。

到了吃饭时间，来的这一帮人临时找了一处从来不生火的冰冷石窖，把刘晓峰的父母亲禁闭了起来。吃了饭，乡长又带了几个人继续逼问刘贵全，刘贵全大骂："你这个杂种，你是个什么东西？是谁批准你捆爷爷的？"

在一旁的杨氏坏女人出主意："男的放下，吊女的。"他们放下了男人，把女人提出来，在另一处吊了起来。刘贵全听见妻子的号哭声，大怒，一肩膀扛烂门窗，纵身跳了出去，告诉在身边的底树说："你快去照看你奶奶，我跑了。"

刘贵全打算跑到贺家川神府县政府告状去。在孟家沟滩里恰好碰见团长刘籍甫遛马。籍甫忙问："姑父，这么早你来干什么？"刘贵全把事情的前后经过说了一遍。刘籍甫听了大怒说："姑父，你不用去县政府，我去崩了这个逃兵。"说完，翻身上马，向刘家畔的方向飞奔而去。

刘贵全心里想："这下可糟了，籍甫脾气不好，见了乡长要出人命。"他急忙在后面猛追，跑到了白家川，望见籍甫已经骑马奔上了山顶。他心里想："再过一会儿就到刘家畔了，今天非出事不可。"

刘籍甫，1916年生，沙峁镇刘家坡村人，1934年加入中国共产党，神府苏区的创始人之一。抗日战争时期和解放战争时期，任神府地区河防司令员兼神府支队支队长，晋绥军区警备第一团团长。新中国成立后，任中国人民解放军副师长，军炮兵副司令员兼高炮主任，西藏军区山南军分区司令员，西藏军区副参谋长兼拉萨警备区司令员，山西省军区副参谋长、省军区顾问。1981年4月离休，2019年12月在太原逝世，享年104岁。

刘籍甫进了村子，直问："副乡长住在哪里？"村里的人看见他怒气冲冲，怕得回不上话来。孟家塔的孟随生走到他跟前，笑嘻嘻地说："刘团长你来了？"刘籍甫马也没下，问："你是干什么的？""我是孟家塔农会的，你是来捆吊刘贵全的吧？乡长常来斗争他。"籍甫怒不可遏，骂了一声："浑蛋！"他扬起马鞭，噼里啪啦几鞭子把不识时务的孟随生打得屁滚尿流，一溜烟顺着石沟没命地跑了。乡长和剩下的人听说刘团长来了，怕得也连滚带爬，翻梁跳沟落荒而逃。

刘籍甫掉转马头，策马来到二区。乔区长说："刘团长，你放心吧，我带人很快去刘家畔处理这事儿去。刘贵全，这人很不错，带头交粮交款，我原给他定的是贫农成分。区上这两天就专门去刘家畔开个会，当众撤掉这个不脱产的副乡长的职务。事情未经研究，他擅自胡来，我们会研究认真处理的。至于拿去刘贵全的粮油，如数退还，麻钱也照旧退还本人，并要撤掉刘家畔农会主任的职务。"

随后工作组就到了刘家畔。他们征求刘贵全的意见，刘贵全说："四乡的朋友，拿去的不用退，我没有我再想办法。就这样吧！"

杨氏这女人怕得要命，主动向刘贵全说好话："我一句坏话也没说你们，你家老二一下午一晚上就是不说。刘贺怀猪肉粉条一吃，就什么都说了，事情就坏在贺怀的身上，与我无关。"

刘贵全说："你去吧，你的为人我还不清楚？你小心点儿。"

1947年刘贵全一家过了一个可怜年，只吃了一顿糕，没吃一两

王兆相与刘籍甫（左）在太原

肉。正月初三，刘贵全给家里备下十天的柴火，借了100块大洋，带着儿子刘晓峰，正月十四赶上一头毛驴，走神木，过兴县，倒腾了两个月。

　　1948年惊蛰一过，风调雨顺。没想到，两头打在野地里吃草的牛，不知被什么人给偷走了，还是偷杀吃了。家里只剩一头毛驴，毛驴一天只能耕一亩地。刘贵全带着妻子、女儿还有儿子刘晓峰一起艰难地把地耕种上。

　　地种上了，可是往后的日子没吃的口粮了，一家人的吃饭成了大问题。刘贵全领着刘晓峰在神木城跑了两趟，搞回来些许粮食。

　　回来后，看到大烟长势非常不错，就是缺肥料，叶片枯黄。办法

当年的鸽子窝石崖

总是人想的，刘贵全把主意打在了鸽子窝上。

刘家畔寨子坡牛崖有个岩洞，成年住着几百至上千只鸽子。刘贵全先在儿子刘晓峰腰里系上两条绳子，扎得结结实实，然后他拉着绳子的另一头，在顶上慢慢往下放，吊下洞口，儿子再从洞口爬进去。

洞内很宽敞，有40平方米那么大，鸽子粪非常多，有厚厚的一层。人下去，再吊下小簸箕，脱头口袋（用羊毛线织成的，像现在的麻袋）。先装洞口的，再装洞后面的，逐步往里装。粪装好了，扎好口袋，推下崖底，家里其他的人再背回家。

每天早上下去，下午5点左右装完，刘贵全才把儿子吊上去。连续几天一共装了30多包。

鸽子粪和麻油以及黑渣搅在一起发酵后，肥效特别好。他们把发酵好的肥料分两次施给了大烟，苗棵成形，烟苗长得又大又肥实。这一年获得了大丰收。

十
远去了鼓角争鸣

刘家畔村前有多处石崖和一处寨子，数十丈高的石崖环绕在村庄的西面和南面，地形非常险要。

远处看，悬崖峭壁上布满了蜂窝状的石窟，大小不等，据说大一些的洞能藏上百人，甚至更多。旧时是躲藏敌人的地方，村民们叫藏兵洞，遇到战乱或土匪，就会扶老携幼，带上铺盖碗筷和食物，爬进石洞。敌人一时找不到，即使找到也无法攀爬。

清同治年间的回乱，土地革命时期国民党反动军队对神府红军的几次"围剿"，刘家畔的乡亲们就是凭借石岩上的石洞，躲过劫难。

距离村子不远处的崖窑湾，石崖有近20丈高。半崖上有一处大石洞，距地面有好几丈。神府闹革命时，一天，刘家畔刘低堂的两个老姑姑正朝崖窑湾的石崖上爬，不料被白军发现。敌人顿生歹意，紧追不舍，刚刚爬上石洞还没来得及抽取悬梯，一个敌军也跟着爬了上来，就要进洞的一瞬间，两个姑娘迅速放下闸门，把敌人堵在了洞外。差一点就要把敌军的脑袋夹住，敌人的险恶用心没能得逞，只得灰溜溜地退了下去。

崖窑湾的这个石洞在绝壁半崖上，易守难攻，可谓一夫当关万夫莫开。先民们先在地面向上用石块垒砌三四米高的踏步（石梯），踏步以上人工间隔钻孔，打上木桩，左右各一行，直到洞口。洞口安装木拢门（木板闸门），人爬上石梯，抓住木桩攀缘进了洞，从洞里拉开门闩，门板自动落下，就可以将石洞完全封闭，外面根本无法打开，万无一失。至今地上和洞口的石块仍然静静地放在那里。

刘家畔村古寨子遗址

神府革命根据地开辟时，神府党组织就是利用这些天然石洞，秘密开展革命活动的。

刘家畔还有一处寨子，位于村庄西南方向崖窑湾和园子坡之间的寨子圪嘴上，三面悬空，一面与后山相连。究竟建于何年何月，不得而知，总而言之是村民们遇上社会动乱躲避，安身立命的地方。

千百年来，先人们在那些兵荒马乱的岁月中也逐渐总结出了防御和生存的办法。

寨子建在一座小山包上，顶上四周由较大的石块围成，近2米高，一条通往后山的豁口和道路与村庄紧紧相连。20世纪六七十年代，寨子里还有一些大石条和很多防御敌人进攻的碎石块。

清同治七年（1868）戊辰正月二十，马正和率回民义军攻破神木城，焚毁衙署，神木知县刘庆余及以下同知、参将、教谕、典史等多人被杀，不久，回军剑锋直指神木南乡。在窜袭神木南乡时，刘家畔全村老弱病残爬不上石岩的就躲藏在寨子山上。

如今山寨长满了荒草，刀光剑影、鼓角争鸣的场景已离我们远去。岁月带走了一辈辈在这里生活过的先人，往事在人们的记忆中渐渐模糊。然而，依旧矗立的石崖、荒芜了的烽火边寨和被淹没的黄尘古道，见证了时空的变幻和世代先民的辛勤劳作，它们在无声地讲述着刘家畔的风云历史。

十一

进入小学堂

1939年，刘晓峰4岁，父母把他送到距离刘家畔五里的沙峁镇刘家坡村外婆家里。

刘家坡村西靠大山，东临窟野河，依山傍水，风光秀丽。自古以来，沙峁就是神木南乡政治、经济和文化的中心集镇。

刘晓峰外婆家算是村里比较大的农户，有10多亩水地，几十亩山地。刘晓峰大舅在沙峁和别人合伙开了一家药铺，做点小买卖。二舅刘长健早年参加革命，一直在外，家里的农活全靠三舅料理，一年四季没有一点闲工夫。

外婆对刘晓峰非常疼爱，在家的两个舅舅对外甥很好小小的刘晓峰十分懂事，除了和外婆在一起，和村里的小伙伴玩耍外，还抢着帮大人干活。

小小的刘晓峰没有辜负父母的满怀期望，受家庭影响，五六岁时就既懂礼貌，也懂得帮助大人做营生，两年时间已经完全融入了舅父这个大家庭，成了颇受欢迎的孩子。

1945年，刘晓峰满10岁，到了入学的年龄。千百年来，憨厚纯朴的受苦人，世世代代面朝黄土背朝天，以种地为生，始终挣扎在贫困线上，过着清贫寒苦的日子。刘晓峰母亲说她希望儿子能上学读书。

地处偏僻的刘家畔没有学校，也没有私塾先生他就在舅舅家上学。

虽说是上学，因为舅父家营生多，刘晓峰2/3的时间在帮助大人干活，他懂事，看到大人忙不过来就请假，下午去学校自学补课。

1946年秋到1947年4月，刘晓峰因感染伤寒症休学一年。

1946年，神木南乡从春天至农历六月一直干旱无雨，到了七八月，又连续下雨；九月，北到内蒙古，东至山西界河口又遭遇霜冻。1947年，神府一带更是遇到了大荒年，解放区宣布学校放假，各学堂被迫关闭。

1948年，饥荒依旧，刘家坡小学全年放假，年仅13岁的刘晓峰跟着父亲赶一头毛驴走兴县，到神木，四处打理，帮忙做生意。他白天捡柴火，烧火做饭、洗刷碗筷。

父亲不识字，到了夜晚刘晓峰就帮助父亲清理账务。往回走时，驴子驮一驮，父亲背一背，刘晓峰背13斤。父亲说：1岁背1斤，你13岁就背13斤。

1947年9月，神木县城解放，成立了中国共产党领导的新的神木县政府，与南部的神府县并存。神府县政府驻地在贺家川镇。

1949年3月，解放区又度过了一个荒年。春上，各个学校陆续恢复上课，刘晓峰到贺家川完小继续读书，刘晓峰上三年级，校长是曾经在刘家坡小学当过几年老师的张世雄。

张世雄，1920年生，神木县贺家川镇陈家坪村人，他早年从教，后改学医术，先在神府边区从医，新中国成立后去了榆林，他善妇科、内科、儿科，尤其重视肿瘤的治疗研究，自创治癌三方。晚年，张世雄成为榆林地区较有名气的大夫。

贺家川完小的老师贺应章，是万镇人。贺老师很器重刘晓峰，抽空就给他补补课，刘晓峰也勤快，帮助老师干些零活。这一年的寒假考试刘晓峰得了第一名。

1949年7月，神府县政府由贺家川迁到高家堡镇，贺家川完小也并入沙峁。1950年5月，神木、神府两县合并为神木县。

1950年9月，刘晓峰转学到沙峁完小上五年级。沙峁完小校长乔恩明，教导主任刘汝南。任课老师有赵德义、李世平、袁兴洲、徐昆生等，都是解放区的一批老教师。

明清以来，沙峁是商人从太原途经黑峪口，跨黄河、走盘塘、过菜园沟、走高家堡和过黄河经贺家川，通往内蒙古东胜、包头等地两条古商道的必经之路，是黄河以西重要的商品集散地。旧时，这里店铺林立，商贾云集，交易繁盛，红极一时。时至今日，这些明清古街道及商铺、戏台仍然依稀可见。

十二

喜结连理

旧社会，男婚女嫁都遵照"父母之命，媒妁之言"，男女在孩提时代，家长就要开始考虑着给娃娃们缔结姻缘，孩子到了十四五岁就要结婚成家。至于订婚，那就更早，一般在10岁左右就定娃娃亲，有的刚刚出生就给定下了亲事，叫作"奶头亲"，更为甚者，还有"指腹成婚"。

当然，作为家长，对此也并非贸然行事，他们选择人家首先考虑的是门三户四、门风根基，考察的是对方家庭大人的为人处世和社会威望等。

刘晓峰的母亲是刘家坡刘家的女子，刘家和沙峁镇的堡子里李家系老亲。堡子里李家也是刘晓峰妻子、杨家渠杨改变（秀林）的馳家（奶奶的娘家）。堡子里，杨家渠人李顺龙等弟兄三人为神木南乡世代财主，家底殷实。

李顺龙可不是一般人，当年在神府县、晋绥边区可是大名鼎鼎，无人不知，无人不晓。甚至在陕甘宁边区，李顺龙也是挂上名的大人物。为什么这样说呢？因为李顺龙是出了神木城南门之外最大的财主，他家仅土地就有2000多垧，而且都是良田。涉及沙峁、栏杆堡、瓦罗周边几个区乡。他家中高墙深远、雇工上百、储粮千石、牛马成群，真是家财万贯！但李氏家族却不仗势欺人，他们公平交易，待人宽厚。神府苏区土改时，李顺龙积极响应，贡献最大。

1934年，神府特区人民革命委员会第一次土改运动中，李顺龙将自己的全部家产捐献给了政府，本人"扫地出门"，族人在附近打了土窑洞居住。为此特区人民革命委员会特赠给他们"恩德人家"的牌匾，以资表彰。

据说，当年杨改变的奶奶出嫁时，李家光嫁妆就拉了好几马车，轰动一时。这杨家渠杨氏本也是一家诚实善良、勤劳致富的农户，杨氏二世祖是前清秀才，一代乡贤，精通医术。同治七年（1868）正月回军攻破神木城后，窜袭到神木南乡，杨秀才为保一方百姓平安，为回军首领治好肚子疼的顽疾，才使家乡生灵免遭涂炭。杨秀才的事迹至今在家乡广为传颂。

到了杨改变父亲杨万顺时，他买地攒粮，日子过得风生水起。在土改中他同样将富余的土地、粮食献给了政府。虽然东西是没有了，但是这家人的名望在外，为人处世的好名声不减。

1946年正月，刘晓峰母亲回娘家，和娘家哥哥刘长刚提到了杨家渠杨万顺的二女儿杨改变。刘长刚说："杨家渠杨万顺有两个女儿，大女已出嫁在李家新庄。二女儿改变和启红（刘晓峰）同年等岁，是个好孩子，正好一对，你是啥意见？""同意，同意！"刘晓峰的母亲没等哥哥刘长刚说完就接过话茬表示了态度。

杨家渠和刘家坡隔河相望，近在咫尺，两家大人娃娃都十分了解。即使刘家畔也不过十来里路程，土地相连，姻亲相通，赶集遇会，常常在一起。谁家大人娃娃是个什么样，做事、性格好坏，大家都了如指掌。不少人家还沾亲带故，真是谁家的门朝哪开都知道。

刘晓峰的母亲说："咱相中，不知道人家愿意不愿意！"刘长刚肯定地说："这事包在我身上，我当媒人，你就只管准备彩礼去。"

兄妹两人高兴地笑着说。这一年，刘晓峰和杨改变都刚满11岁。

亲事说得很简单也很顺利，既没看家也没相亲。杨万顺夫妇听说刘家畔刘贵全的儿子想提亲，甚是满意。他们知道刘贵全为人实诚，父辈是好手（能人），挣家当人，一座四合院远近闻名。婆姨也是"女能人"，和他们的性格很能合得来。于是双方大人选择了良辰吉日，孩子们的终身大事就算定了下来。对于彩礼杨家毫不争论，不过刘家还是出口就给了70块银圆。

1950年农历腊月初二，刘、杨两家为刘晓峰、杨改变办了喜事，圆满礼成。结婚的当天，天刚亮（鸡叫头遍），新娘的哥哥杨茂林就将妹妹杨改变从家里背到户家叔叔杨加则的炕上。因为按风俗，这个时候要走出自己的家门，等待娶亲人的到来。

阳婆婆（太阳）刚露脸，刘家畔娶亲

的队伍就进了杨家渠村口，锣鼓和唢呐声响成一片。

杨家渠村子不大，全是杨氏宗亲，院子里、硷畔上站满了吃亲事、看热闹的村民和亲戚，他们穿上平时舍不得穿的新衣服，脸上洋溢着掩饰不住的喜悦，人人笑逐颜开。迎亲的队伍刚上坡，就鸣炮三声，巨大的铁炮声、鼓乐声和人们的说笑声交织在一起，场面十分热闹！

早早等候在院子的管事将迎亲的人们从坡上一直迎进家门。

招待茶饭后，迎亲的人就要出发。刘家迎人的有刘晓峰的大舅刘长刚和户家叔叔两名男客；送亲的是新娘的哥哥杨茂林和叔叔杨加则。

到了刘家畔，迎亲的队伍在坡上停留很长时间，鼓手们少不了响吹细打，吹手个个鼓起腮帮子，脸涨得通红，单吐、双吐、单手扶，使尽了浑身解数，赢得了主人和围观人群的交口称赞。

其实鼓手们如此卖力也是为他们日后争取荣誉。在吹鼓手最卖劲

反映杨秀林娘家二世祖史实的浮雕《秀才退兵》（2019·杨家渠）

的时候，往往办事的人端上烧酒，拿上香烟，逐个敬酒、递烟，表示犒劳。

当地风俗，下轿时婆家要拿上银钱递到新娘的手中，不料刘家办事的人只拿了两个铜圆，杨改变有点不高兴。当哥哥杨茂林抱着妹妹要下轿时，她坚持不下，一问才知道杨改变随手把铜圆扔了。办事的人满脸尴尬，忙从刘晓峰大舅手上借了两个银圆，递到了新娘手中。

新娘下轿后不是直接进洞房，而是先在新郎的户家叔叔家住一晚。这一晚通夜的长明灯。炕上放一斗米，米上搁黄表纸，米上点香，一对新人面对斗米和香纸守到天亮。第二天鼓手再迎接新人进入洞房。

结婚的第三天是回门的日子，新娘和送人的一同回到娘家。住一晚上再回到婆家。这次回到婆家必须住够7至10天才能第二次回娘家。风俗习惯讲究的是："兑七兑八两家都发；兑十兑九越过越有。"

婆亲是人生的大事，世称"小登科"。刘家畔刘家是方圆几十里的大户人家，当年牛马成群，富甲一方，他们对待世面上的事向来不马虎，何况婚娶大事。这次迎亲，是请了驰名黄河两岸，被誉为晋西北第一吹的山西黑窑口吹鼓手。

轿子、轿夫，连同鼓手是一班人马，才艺高超、配合默契。新人乘坐的轿子用的是当时最好的朱红轿，红顶子，四角挂满大红璎珞穗子、水银镜。轿夫统一着装，遇上村庄有围观的人轿夫就开始表演，摇、摆、抖，行动统一、步调一致，甚是好看、喜庆。

星月轮转，人生易老。今天，这场典型的传统婚礼已经过去了整整70年，当时虽然嫁妆和饭菜都比较简单，但对于那场体面、隆重的婚礼，对于结婚时延请的轿子、轿夫和鼓手，杨秀林（改变）老人始终感到十分骄傲和自豪。晚年的她一提起来，总是喜笑颜开、记忆犹新。

是啊！对她来说，时至今日没有什么能比得上她走进婚姻殿堂、找到满意的归宿更幸福、更富有人生意义！

十三

榆师赶考

1951年上半年，刘晓峰在沙峁读完小学。7月，他和神木县城关、沙峁、高家堡等几处完小的同学，一起参加了榆林师范学校的招生考试。

这一年，神木片区参加考试的学生一共有57名，考场设在榆林。考试前，他和同学张学诚、刘润全及张学诚继父一起，赶了一头毛驴，一路晓行夜宿，连续行走四天到达榆林。

刘晓峰自幼爱观察、爱学习，只要是书本或者报纸，哪怕是一张纸片，都要看个究竟，看看上面写的是什么。去考试的路上，刘晓峰看到一路上到处是标语，他就顺便把一条条都背了下来。他见双山堡旅店的墙上写着"爱祖国、爱人民、爱劳动、爱科学、爱公共财物"的"五爱"标语，觉得很新鲜，这不就是政治题吗？于是他默默地背了下来。

到了榆林，他马上去见了在榆林专署上班的户家舅舅刘长锟。刘长锟见到好学上进、登门拜访的远家外甥，很热情地问道："你家住的山畔上没有学校，你父母供你上学不容易，你学得怎样？"刘晓峰回答："语文、算术没有问题，我报名才知道还考政治，沙峁学校不上政治，这门课恐怕考不好。"舅舅说："政治这门课你不要怕，我给你补一下。"随即编写了七道回答题和不少改错题。刘晓峰肯定地说："今天晚上我就能背熟。"舅舅笑了笑说："不要骄傲，要认真，一字也不能差。"回去后，刘晓峰用了不到半天就背熟了。第二天、第三天他继续背，直至背得滚瓜烂熟。

开考了，早上考语文，中午考算术，下午考的是政治（一些地方叫常识）。放榜后，刘晓峰三门都考得不错，总分287分。神木全县考生只考上了4名，刘晓峰考了第一名。

刘晓峰事后不无遗憾地说："不是他们学得不如我，主要是政治这门课给拉分了。"事实也正是如此，舅舅刘长锟出的七道题考了四道，第五道问"五爱"是什么？刚好是他在双山堡旅店碰上的"五爱"内容。最后政治考了96分，其他同学大部分不及格，有的只考了十几分。后来他也自责地说道："当时对长锟舅舅猜的政治题，我非常保密，就连我最要好的同学张学诚都没有给透露。我是有点自私，也非常后悔，深感对不住厮守几年、苦读寒窗的同学们。"

好在事情有了转机。榆林专署教育科长霍仲年是刘晓峰亲二舅刘长健在榆林中学时的同学，正好兼榆林中学校长（当时榆林中学和榆林师范合并一校）。考试前，刘长健给霍仲年校长写了一封短信，交给刘晓峰让他带在身上，信的大意是：我的外甥刘启红，下半年到榆林考中学，请您务必照顾一二。

刘晓峰当即把情况告诉了参加考试的刘玉明、李世兴、张学诚等同学。他们看了信高兴得几乎要跳了起来，说："咱们赶快去专署找霍校长，说不定还有希望。"

于是，刘晓峰和五位同学在专署见到了霍校长，呈上推荐信。霍校长看信后问："谁叫刘启红？"刘晓峰说："校长，是我。""你考上没有？""我考上了。""你学得还不错嘛！"

刘晓峰说："校长，也不是，他们学得比我还要好，语文、算术都考了七八十分，主要是我们之前不上政治课，拉分了。""那么你怎么考上的？"刘晓峰实话实说："专署秘书刘长锟是我户家舅父，他知道我政治科目不行，就给我搞了一个学习提纲。我临时背了背。"

霍校长说："神、府二县的大部分学生没考上，原来如此。不是你们学得不好，主要是不上政治课。我知道了。神、府二县本来就文化落后，你们快去告诉同学们，不要让他们回去，下午我就和学校专门研究解决这个问题。我们本来计划6个班收300名学生，现在看来要增加2个班，多收100名。不过，我还要请示专员，把你们都收进来。"

刘晓峰和同学们听了霍校长的话，别提有多高兴，千恩万谢了霍校长后，欢欢喜喜地跑回去告诉了神、府二县所有的同学。他们听了这个振奋人心的消息，那股兴奋劲真是无法用语言形容。

后来由于形势需要，凡是参加这次升学考试的神、府二县的同学，全部被录取，榆林师范、榆林中学、榆林农校各编了4个班。榆林专署领导和霍校长的这一决策，在神府人才培养以至老区政治、经济、教育和文化建设史上均产生了极其深远的影响，可谓功德无量！

刘晓峰考取榆林师范后，同级共编8个班，因为他的成绩靠前被编在了甲班（54级）。

沙峁距离榆林有140多公里，道路崎岖。上学三年，刘晓峰步行往返总共11趟。回家一趟要经过窟野河、秃尾河和榆林、神木境内的大小河流几十条，以及无数的山山峁峁。如果途经县城，仅过窟野河单程就是18道，特别是每年的寒假往返，常常是在冰冷的河水中行走。

尽管如此，也丝毫不能动摇他刻苦读书的信心。

在榆林师范学习期间，刘晓峰的成绩门门优秀，并在学校担任学生会、社团等多种社会职务。

1954年5月，学业期满，按照计划提前在榆林师范附属小学实习45天。实习期间，他每天带6节课，榆林师范的指导老师对他们的实习极其负责任，抓得非常紧。从准备教案到课堂授课，老师们次次参加，发现问题及时纠正，为同学们以后的教学工作奠定了扎实的基础。

第二部

教育生涯

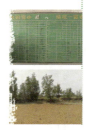

辛勤园丁

1954年7月，刘晓峰从榆林师范毕业。

新中国成立前，由于神府地区长期处于战乱，教育资源严重短缺。刘晓峰毕业后，当时的政策，毕业生一般回属地，他由学校先派遣到家乡神木县教育部门。

20世纪50年代，初、中级师范学生毕业，首先要参加县教育部门统一的培训。县教育行政部门根据毕业生的籍贯、家庭状况、本人志愿以及全县教师资源的情况，再分配具体的工作单位，在培训结束时统一宣布。

刘晓峰从榆林回到老家刘家畔，在家等待教师培训会的通知。他的内心充满了期待。

刘晓峰由一个农民孩子，成长为正式教师，对这个世代以耕种为生的农家来说，是一件大喜事。

接到培训会报到通知的当天晚上，刘晓峰几乎彻夜难眠，兴奋异常。父母也同样高兴。早早起床，给他做好了早饭，有鸡蛋拌汤、细面窝头，千叮咛万嘱咐，送儿子出了门。

刘晓峰和一位同学两人雇了一辆小轮车，装上行囊，轮流骑着，在夜幕降临之前，来到神木县城。

8月，培训结束后，他被分配到了贺家川镇的彩林小学。

彩林位于神木南乡贺家川镇以东10公里处的黄河西岸，是一个较大的村庄，面积有10多平方公里，耕地在3000亩以上。彩林与黄河对面山西省罗峪口隔河相望。罗峪口是晋西北黄河沿岸重要的水旱码头，全国解放前是晋西北与神府革命根据地连接的桥头堡，村内有八路军120师被服厂、彩林革命纪念碑等革命遗址。

彩林是东川的一个水旱大码头。小学的生源主要来自彩林、王家沟、上王家坪和高家圪塄等几个自然村。当时全校有90多名学生，4个年级编成两个复式班，一、二年级为一个班，三、四年级为一个班。

刘晓峰出身农家，祖祖辈辈以务农为生，目不识丁。小时候的他本村无学堂，父母送他到外村上学。后来他终于成了文化人，并担任了"教书育人"的神圣职责。他十分看重这份工作，立志要当一名合格的小学老师，为教育事业贡献自己的毕生精力。

解放初，我国人口文盲率在80%以上，适龄儿童入学率仅仅20%左右。这种落后的状况在地处偏僻的陕北地方更为突出。1953年，新中国进入第一个五年计划时期，教育纳入国家计划轨道，在国家大力发展教育的历史背景下，农村的孩子以及他们的家长对上学和供孩子读书表现出了极大的向往和热情。

刘晓峰最初当老师的彩林小学，一年级学生的年龄差距非常大，最小的七八岁，最大的接近20岁，是已经结了婚的男女青年。时值冬季，同学们每天早上4点多钟，天不亮就从家里出发赶往学校。手里举着用蓖麻仁做成的像冰糖葫芦一样的灯串串照明，等到5点半学校打预备铃时，学生们已经全部到齐，在昏暗的灯光下开始学习。这种感人的场面，深深地震撼了刘晓峰，极大地激发了他教学的热情。从此，他将自己的全部精力投入到教学工作上。

在彩林小学他主动要求主任老师给他多分课程，并承担了高年级的语文、算术以及各年级的音乐、美术、体育、劳动和早操等主副课程。

刘晓峰每天晚上备课、批改作业要到深夜。批改作业时他将每位学生各门功课在作业中存在的问题分别一一记录下来，然后在第二天的课堂上有针对性地进行辅导，一一进行讲解，直到同学们弄懂为止。由于准备充分，讲课生动，学生们听得也起劲。放学了很多学生仍然不想回家，围在他身边问这问那。

在课堂教学中，他以学生为中心 进行形式多样的探索，从而使教与学形成共鸣，收到了很好的课堂效果。他还运用毕业实习时指导老师传授给他的那些成功的教学方法和经验，深入浅出，举例子打比方，以姿势助讲课，生动活泼，极大地调动了同学们的学习兴趣。

刘晓峰结合学生年龄差距大、接受能力不同等特点，进行分类指导。当时，一些年龄较大的学生，存在只学语文，不爱学算术的偏科倾向。他发现后，开展算术实验课，手把手教他们如何进行四则运算，使他们的算术成绩有了很大的提高，也唤起大龄学生学习的自尊和自信，受到了大家的普遍欢迎。

1955年3月，刘晓峰由彩林初小调到沙峁镇刘家坡小学任教。

1956年3月，刘晓峰调到马镇区的合河初级小学任教，8月又调到贺家川镇刘家湾小学任教。

在刘家湾小学任教时，刘晓峰没有因为群众的一时不了解而气馁，而是以突出的工作成绩交上了一份满意的答卷。每遇星期天，只要学校不安排校务会或其他活动，他都会安排两个班级的语文和算术10名左右学习较差的同学补习功课。通过几个月的努力，他所带班级全体同学的学习成绩有了很大的提高，各个班级主课学习成绩平均达到4.1分（五分制），出色地完成了学校的教学计划，年底受到学区领导的表扬。这一举动也得到学生家长以及校董事会的充分肯定和高度赞赏。

1957年2月，刘晓峰再度来到沙峁镇刘家坡完全小学任教，这次他被提拔为主任教师，也就是学校负责人，一待3年。

之前刘晓峰任教的学校都是初小，但刘家坡学校属于"戴帽完小"。所谓"戴帽完小"是指，县政府由于学生人数增加，在原有初小的基础上增设小学高年级，教学经费由当地村庄负责一部分。毕业生与正规的公办完小相同，同样可以参加中学的升学考试。刘家坡完小的规模较大，沙峁镇窟野河西岸的学生都在这里上学，学生有100多人，有5名教师。

在刘家坡小学刘晓峰的工作积极主动，除完成教学工作，他还帮助村民解决实际生活问题，比如，刘家坡外出工作的人多，老乡们来往书信都是刘晓峰给念和代笔。刘家坡村庄大，是非多，刘晓峰还成了义务调解员。经他调解，村民们大事化小，小事化了，因此他深受乡亲的信赖。

1958年8月1日，刘晓峰因为表现突出，在刘家坡由刘文相、芦万尧两人介绍，加入了中国共产党，成了一名光荣的共产党员。

1960年8月，刘晓峰调到胡窑则塔公社（1966年撤销）学区当校长兼桑塔小学校长。

刘晓峰通过三尺讲台，以自己高度的事业心和责任心，无私地对事业奉献。他钻研教材，研究学情，从未间断过自我学习，自我充电，提高业务水平。他服从领导安排，在担任一般教师的几年时间里，从未拒绝承担领导安排的任何一项工作。即使在他担任学校负责人以后，在课程分配上仍然和其他教师一样，没有因为行政工作而减少在教学上的工作量。

刘晓峰用心灵和人格魅力潜移默化地影响他的学生，以爱心塑造学生美好的心灵，以自己的一言一行教会学生如何做人做事。在彩林小学时，他将同学们送来的红枣卖掉后，全部买成学习用品赠送给每位同学。在瑶镇宫泊学校时，他走访了多位学生家长，帮助解决了几十名因家庭困难而辍学的学生重返校园。他还利用自己的一技之长，长期为有病的学生送医送药，义务诊治，解除病痛。

对于学生的自习课，大部分老师只是监督同学们的学习秩序，而在刘晓峰多年的任教生涯中，自习课就是辅导课，在自习时辅导解答同学们提出的各种疑难问题。或者根据同学们存在的带有普遍性的问题，进行集中讲解。对胆小不敢提问的个别学生，刘晓峰会主动接触，首先消除心理上的障碍。在老师的引导下，同学们逐渐养成了"勤学好问"的良好习惯。

刘晓峰用辛勤和汗水赢得了群众一致的好评，他为人师表，教书更重育人，认真代课和循循善诱的教学方法博得了学生和家长们的真心认可。都说刘晓峰是位好教师、好校长，也是咱农民的好朋友。

二

勤工俭学

1963年8月，刘晓峰再次由桑塔小学调到神木县起鸡合浪公社宫泊学校，任校长、学区负责人。

从1954年参加工作到1963年，刘晓峰在教师岗位上已经走过了整整10个年头，从一般教师升到校长、学区负责人，职务升了，他觉得肩上的担子更重了。尤其是这一次的调整，最大的变化是，从熟悉的沟壑纵横的南乡调到了陌生的地广沙多的北区。前路漫漫，不可预测。许多未知等待着他。

宫泊地势平坦，土地和水资源丰富，且土质优良，农业生产条件非常优越，农田能旱涝保收。

由于历史的原因，教育和文化一直处于相对落后的状况。

宫泊学校当时是起鸡合浪公社排名第二的一所完全小学，由河湾、渡口两个大队合办。渡口大队是起鸡合浪公社最大的一个大队，有八个生产小队。当时全队总人口在千人以上，占全公社的总人口的七分之一左右。宫泊小学是全社的重点学校，适龄儿童也有近200人。但由于国家投入少，生产队又无力扩大学校规模，很多适龄儿童上不了学。

1963年8月，刘晓峰到宫泊小学时，该校采用复式教学，即一、三年级，二、四年级各一个复式班（两个班在同一个教室上课），五年级单独一个教室。全校有八九十名学生，三个公派教师，加上校长全校共六七位教师。

刘晓峰初到时，学校基础设施非常简陋，只有一排东房、一排正房，共20余间土坯房。东房六七间是教师的办公室兼厨房。正房坐北向南，中间留一条路，两侧各有七间土坯房。西南方向是操场。

所谓土坯房，就是在打好的土围墙顶子上搭上较粗、较长的木椽做屋脊龙骨，再在龙骨上铺上密密的一层柳树、榆树枝，然后在上面抹上黏土泥，晾干就可以居住。

黏土泥的调制方法是用水和泥，并加入麦糠或麦草之类的植物粗纤维，以保证韧性。土墙的打法是：用原木椽棍或门板，围成模子，然后把土填入模子内，夯实，等晾干凝固后把模子拆下，再按照同样的方法逐层加高。

宫泊学校的所有房子都是用这种土办法建成的。当地的大部分居民住的也是这种土坯房，房内墙壁表面用细泥或涂料涂刷，装饰一下，也非常漂亮。宫泊一带气候干燥，降雨量小，很少有阴雨连绵的天气，所以房子非常经久耐用。学校每个教室都有一个土炕，学生自带书桌，坐在炕上上课，冬天烧火，土炕上散发出阵阵热气，教室非常暖和。

学校操场前有一处旧寨子，寨子建于民国初年，正方形，边长约百米，墙高3米，下宽上窄，墙上最早留有射击口，是旧社会渡口和河湾几个村村民躲藏土匪的地方。建国初，宫泊学校就设在寨子里。

面对如此落后的状况，刘晓峰没有气馁，心里盘算着如何改变现状。

落后则思变，他想要彻底改变学校面貌。于是发动老师学生勤工俭学，动员村民一起再修几孔窑洞，改善学校老师的办公条件。

刘晓峰请来渡口和河湾两个大队的党支部书记，汇报了自己重建学校窑洞的想法，请求队里动员群众，集资办学。两位支书非常重视教育，一口答应。最后，商量按人口承担，渡口大队六份，河湾大队四份。

关于修建，他的具体想法是，用土坯修窑洞。平桩以下（墙脚，窑洞的腿子）用夯土层，类似打墙的办法，宽度做成5尺。平桩以上窑洞的拱形建筑使用土坯砖，窑洞上下完全由泥土建成。

当他把自己的构想告诉工匠师傅时，匠人惊呆了，一声不吭。半天，师傅说："刘校长，咱们这里祖祖辈辈住的是土坯房，土坯窑洞我还没见过，更没有修过，甚至连听也没听说过。我们匠人走南闯北，见得不少，土窑洞那是你们南面人在土质非常好的老崖上挖的，依山靠崖，安全不成问题，这是几千年总结出来的。你是南乡人，这个你清楚。再说修建首要保证的是安全，万一土坯窑洞安全出了问题，这可是天大的事呀！"

听完师傅的话，刘晓峰说："你说得都对，我有一点说说你看有没有道理。"他说："咱们先说结构的安全性，我觉得无论是挖的窑洞还是箍的窑洞，道理都一样，就是一个'箍劲'。来自窑洞顶部的压力通过拱形的两侧传递到地面，你看靠山挖的窑洞山势那么重都不会塌。再加上风风雨雨，历经百年依然完好如初，靠的就是箍劲。一排窑洞挤在一起有互相支撑的作用，就更安全了。咱们主要把雨水防住。另外，窑洞高高的圆拱加上高窗，在冬天的时候阳光更充足，能保护老师们的视力。"

1964年初春，大地刚刚复苏，刘晓峰就带领全校教职工开工修建教室。

他们先制土坯，用在顶部的材料需要干透才安全。土坯和未经烧制的砖块制法一样，水和泥填充部分需要加筋，如木纤维、狗尾草、麦草秸秆等，皆为当地易得的材料，这些加筋材料可以较大地提升砖块的韧性和经久耐用性。

修建期间，刘晓峰动员学校师生积极参加，年龄大的学生扣（倒）土坯，小的学生推土、拉土，老师们担水。材料备好，晾晒干透，工匠师傅施展才能。他们没有以往瓦刀敲打砖块叮叮当当的清脆响声，取而代之的是咚咚的土坯敲打声。工地上热闹非凡，尘土飞扬，人声鼎沸，上工、下工、吃饭都是统一行动，似乎又回到了大会战的年代。

经春历夏，齐刷刷的一排，崭新的5孔窑洞建成了，教师的办公室改善了很多。社员们从四面八方赶来参观，内心充满喜悦和激动。队干部们一个个跷起大拇指称赞。此举，提升了刘晓峰在乡亲们心目中的地位，乡亲们对他办学充满了信心，乡亲们说："刘校长你好好干，我们大力支持！"

随后的两年，刘晓峰陆续修建标准的8间教室，学校的办学条件有了很大改观。此外，刘晓峰把学校附属设施一一修建完备，做门窗、粉刷内墙。

为美化校园环境，刘晓峰从尔林兔搞来杨树苗，在学校的四周栽上了几十棵，绿意浓浓带来了生机。没有围墙，他带领老师学生割柳枝，围起了简易的栅栏。学校经费不够，他就开展勤工俭学，动员组织师生去尔林兔包工，挖鱼塘挣钱。工地条件很艰苦，吃住都在草滩上，他亲自拉车运送泥土。

1966年的暑假，全县公民办教师在神木县城参加了"集训会"。会后，按照上级的指示，公派教师一律回本队教书或负责。7月，刘晓峰被调整到大保当公社小保当小学任校长。

1967年1月，刘晓峰重返宫泊小学任校长、学区负责人。在抓教学的同时，继续完善教学基本设施。随着国家教育投资的加大，这一年，他们请来当地有名的工匠师傅，在学校的最北边建成了10孔标准的石窑洞，拆除原先的5孔土坯窑洞。此外，附带建成一排14间的教室。

三

宫泊教育大发展

　　经过几年的努力，宫泊学校基本建设初步形成规模，具有了非常好的办学条件，在瑶镇公社算得上数一数二的，为乡亲们认可。

　　办学条件有了极大的改善，适龄儿童入学率也提高了，老师们认真教，娃娃们认真学，队干和群众都感到满意，办学积极性越来越高，刘晓峰的信心也更大了。

　　1968年，国家实行"初中不出大队，高中不出公社"的办学方针。借此东风，下半年宫泊小学在一至六年级的基础上，办起了"戴帽中学"，设初中一、二两个年级，各招生一个班。宫泊小学毕业的学生就地升入初中，也不考试，1968年下半年招收初中生近50名。生源除了渡口、河湾外，还有附近几个自然村的小学毕业生。

　　初中班办起后，教职工达到15人。神木中学的教导主任下派到宫泊学校任一般教师，教师每周代课27节。早上一节自习，两节课，下午4节课。

　　刘晓峰兼任初中班政治、医学知识和农业基础知识等课程的教学。教育质量、升学率在全县名列前茅，和神木中学、高家堡中学等齐名。刘支堂、王志刚、白玉明、吕光卿、李侯喜等一大批应届毕业生升入尔林兔、高家堡等学校高、初中班。

　　完小带初中，周边几个大队的学生可以不出大队，一步一步从小学一年级读到初中二年级（当时初中学制是两年）。学生念书的花费也非常少，农民供孩子读书几乎没有负担，是宫泊有史以来教育发展最为鼎盛时期。

　　教育事业的发展彻底改变了几千年来农民没文化的状况，解决了邻近村庄农家子弟念书难的大问题。读书，改变了这一带村庄受过教育的人的命运，为他们以后的幸福生活奠定了基础。

　　1969年，刘晓峰被提拔为瑶镇公社党委委员兼任教育专干。

　　1971年，神木县筹建全县第一所林业高中，时任瑶镇公社教育专干的刘晓峰力陈瑶镇和宫泊办学的优势：

　　一、宫泊学校是瑶镇公社第二所大的学校，全公社有26个大队、1.4万人，仅渡口一个大队就占全公社人口的1/10，群众办学热情高，政治和经济基础牢靠；

　　二、瑶镇学校基础设施已经完全具备办学的条件；

　　三、目前设初中班，有较强的师资力量；

　　四、瑶镇和宫泊大队有非常广阔的土地和水资源，而且距离尔林兔林场很近，具有林业教学和实习得天独厚的条件，优势明显，全县任何一个地方无法相比。

　　经过努力，经瑶镇党委研究同意上报县委。最终神木县同意立

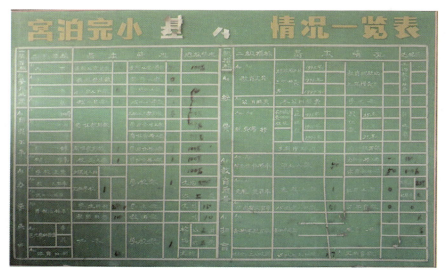

至今仍然可以辨认的宫泊学校"课程表"

项，批准建设。

宫泊学校西北约8公里处就是尔林兔林场的苗圃，县林业高中建成后，聘请了长期兼任林业专业课的老师。学校的公派教师有康永生、王新民、李银喜、杨富荣等神木当时有名的教师。民办教师有本队青年王志刚等，王志刚从宫泊初中毕业后被推荐上了高家堡高中，毕业后回林业高中担任教师。本队青年王明智，1970年在宫泊学校任代教，一年后获得榆林师范文凭，转正为国家正式教师。

林业高中的学生既学普通高中的文化课，又学林业专业课，走"全面发展"之路。后来宫泊学校成为全县中学顶尖的、完全高中式的一所学校，全校有教师20多位，学生有100多名。当时，神木全县仅仅有神木中学、高家堡中学和宫泊学校设高中部，宫泊是林业高中，其他两所中学是普通高中。林业高中招收的学生来自全县的各个公社，虽然招生只有一届，但为神木培养了大批专业人才，他们后来在林业以及各个工作岗位上发挥了重要的作用，做出了积极的贡献。

刘晓峰任宫泊学校校长和瑶镇公社教育专干这一段时间，宫泊学校培养了很多学生，日后成为神木乃至全国各地的优秀人才。

四

施政教育

刘晓峰在当好教师的同时，在各个时期还能积极响应党的号召，以极大的热情参与社会活动，投身社会主义建设事业。特别是在他担任学校负责人和瑶镇公社教育专干后，忠诚党的教育事业，注重全面贯彻落实好党的教育方针和各项政策，在教育战线做出了有目共睹的成绩。

1958年，刘晓峰在刘家坡小学任教时，正值国家开展大规模扫除文盲运动。刘晓峰作为校长，积极承担了协助政府扫除青壮年文盲的工作，组织男女老幼，开展了田间地头、家庭、学校等多种形式的识字学文化活动，为当地政府顺利完成扫盲工作做出了突出贡献。

1963年，在国家教育大调整的形势下，刘晓峰发扬艰苦奋斗的创业精神，从根本上解决了基础设施不足的问题，宫泊学校成为神木县和瑶镇公社勤工俭学的先进单位。

1963年，初到宫泊学校的刘晓峰，将起鸡合浪公社木林采当小学（今属神木中鸡镇），由过去的以民办为主提升为以公办为主。向上争取了资金，扩建了学校基础设施，随后国家增派了正式教师。从此，全公社由一所公办学校增加为两所，学校规模也由一至四年级，扩大成一至六年级，解决了附近村庄儿童上学难的问题。

1964年，国家为贯彻"两种教育制度，两种劳动制度"，在广大农村兴办不能进入全日制小学就读的耕读小学。刘晓峰响应党的号召，在起鸡合浪公社的买力湾、七卜树、活力害兔、补花兔等几个大队办起了地头"耕读小学"，接收了几十名少年儿童一边放牧，一边读书。为此，神木县教研室辅导老师贾育才根据刘晓峰的这一事迹，写成了题为《牧场做教室，沙滩当黑板》的通讯报道，登载在党报上。

1968年，刘晓峰及时根据国家的办学方针，在宫泊学校办起了"戴帽中学"，为宫泊沟（是一个区域）一带培养了大批人才。

1971年，刘晓峰依托宫泊的教育资源优势，同瑶镇党委革委共同努力，在瑶镇办起了全县第一所林业高中。

艰苦创业是刘晓峰最鲜明的性格特征。身为一般教师时，他以校为家，经常自觉打扫校园卫生，修墙补院，使校园变得既整齐又干净。桌椅板凳坏了，他总是自己动手，不花国家一分钱，修理一新。担任学校负责人后更是如此，每到一处，学校的面貌就会焕然一新。在刘家坡小学，他利用课余时间，在河滩荒地上开辟了菜园子，既减轻了

当年在宫泊的居住地，土坯房早已不见，旁边的树木越长越高

群众负担，也解决了老师的吃菜问题，同时还获得了群众的信任。特别是在宫泊学校，刘晓峰发动群众，依靠群众，调动了几个队的负责人和广大群众办学的积极性，依靠广大群众的力量和智慧，大搞基础设施建设，为学校发展和壮大奠定了坚实的基础。在勤工俭学方面，他既当指挥员，又当战斗员，带领师生外出包工，亲力亲为，夜宿工地，率先垂范。

六七十年代，国家提倡学校"开门办学"，除正常的校园学习外，还经常参加社会实践活动。作为农村学校，社会实践主要体现在学农上。每年秋收大忙季节，学校就要放一周左右的"忙假"，刘晓峰和师生们在忙假期间，本着"先集体，后个人"的原则，放弃回家秋收的机会，带领师生积极参加生产队里的秋收劳动，帮助队里收割、运输庄稼（都是人背庄稼）。暑假和寒假也时常参加生产队的农田基建会战。

刘晓峰每到一处学校都和群众有着和谐友好的关系，结交了不少农民朋友。他不摆架子，平易近人，压根就把自己当成一个农民，经常深入村里，坐在炕头和乡亲们拉拉家常，为群众办一些力所能及的小事。比如，代写书信，调解民事，帮办红白喜事，等等。1966年，宫泊庙宇周围的十几株榆树在"破四旧"时被群众砍伐，用木料做了学校的桌椅板凳。为此，河湾林场（国有林场，今尔林兔林场）与宫泊等几个大队发生权属纠纷。刘晓峰经过深入的调查后，写成调查报告，配合县革委会副主任刘凤鸣，明确了榆树权属，维护了群众的利益。

刘晓峰"想教师所想，急教师所急"，对全体教师既在工作上严格要求，也在生活和涉及个人发展问题上给予关心照顾。提任教育专干后，他认真履职，按照政策及时将瑶镇公社符合条件的20多名民办教师转为公办教师。有一年，个别困难教师换不起夏装，他将自己的棉褥子改成裤子，染色后让他们穿。

刘晓峰任教育专干的70年代，基础教育得到普及。那时村村都有学校，小一点的村庄有小学，大村既有小学又有初中，每个公社都有一所高中。宫泊、河湾队是瑶镇公社的大村大队，所以办起了全公社唯一的一所高中。教育专干面对的是全公社的教育规划和实施、发展，工作涉及基础设施建设，资金使用管理，公民办教师队伍的管理培训，教学质量的督促、检查、评比，学校和所在大队工作关系的协调，等等，工作量明显增加，责任更加重大。

五

科学种田树典型

20世纪70年代中期，"政社合一"的人民公社党委下设政法、组织、教育等专职干部，一般都兼党委委员、革委会委员。他们的职责除了分管工作外，更多的是要配合党委的中心工作。中心工作就是发展农业，解决社员的生产和生活等问题。具体包括：第一，党的建设，发挥党支部的战斗堡垒作用和党员的先锋模范作用，党政群团青妇民兵等工作全面抓。第二，农业学大寨，大搞农田基本建设；科学种田，增加粮食产量。第三，搞好社会治安，防止人口外流等。具体形式就是包村下队，公社副职及党委委员、革委会委员等负责人要担任片长，承担一个片、三至五个大队的包片任务。

1974年，刘晓峰在瑶镇公社任党委委员、革委会委员，分管教育、宣传、知识青年上山下乡工作。在完成分管工作的同时，他的很大一部分时间和精力放在下乡包队的行政工作方面。

他全年绝大部分的时间住在队上，包队工作的工作量占到全部工作量的四分之三以上。瑶镇当时是"红旗公社"，农田基建、植树造林、科学种田各项工作都走在全县前面。在瑶镇公社，刘晓峰所包的是南片山区的乔东沟、巴泥沟、南沟等几个生产大队。这些队自然条件相对较好，但是粮食产量长期上不去。刘晓峰进驻几个大队后，迅速抓住了发展农业的"牛鼻子"，决定重点抓好科学种田。他发挥"堡垒和模范"作用，开展深入细致的思想教育工作，首先解决了社员对科学种田的认识问题，然后采用分期付款的方式，引进良种和化肥，年底取得了巨大成功，之后逐年扩大种植，一举从根本上解决了农民的吃饭问题。

乔东沟等几个队距离公社约25公里，交通不便，尽管自然条件不错，但是非常贫困，蹲点干部的工作量很大。因此，公社党委配备了一名年轻干部段怀树当他的助手。

他首先召集了小队长以上的干部大会。会上，刘晓峰根据当前形势、上级要求以及本队的实际，重点讲了实行科学种田的计划和措施。会议开了3天，他发现会议反应非常平淡，会场上不时有人唉声叹气，有的人好像根本听不懂，有的似懂非懂，还有的人听得目瞪口呆，似乎感到稀奇。

他问一位叫贺虎虎的队长："我讲的你能听懂吗？"他说："你讲的和天书一样动听，可是我连一句也理解不了。我只知道耕地、抓粪、锄草、收割、打场、分粮。你的那一套，我们办不到。"

听罢贺虎虎的话刘晓峰并不感到意外，他耐心地说："你说的我理解，咱们慢慢谈。今天我和小段来给大家开会，主要是给你们表个决心：我们两个都是农民子弟，你们吃得了的苦，我们俩也吃得了。我决心和大家齐心协力一起干，同甘共苦，到年底家家有吃有喝，还要分到一定数量的零花钱。"

大家几乎异口同声地说："几辈子也没有解决了的问题，要一下子解决，难啊，实在是太难了。"刘晓峰听了这些毫无信心的话，立即宣布："会议就开到这里，散会吧！支书、大队长留下，咱们再研究一个问题。"

刘晓峰对支书、大队长说："我和你们商量一个问题：你们的条件都不错，巴泥沟人均五分水地，乔东沟人均八分水地，南沟人均六分水地。把水地种成玉杂12号玉米、晋杂5号高粱，亩产千斤，人均就能分到500斤粮。选好山地种撒杂山药，人均两亩，亩产2500斤，每人就能均5000斤山药。吃上500斤，卖上4500斤，每斤按0.15元计算，人均675元，把种子款、化肥款及小开支去掉300元，每人还能有375元钱收入，这可是一笔可观的收入啊！能不能办到，就看大家了。"

几个队干说："我们没问题，可是我们都是父子队（父亲和儿子在一个生产队），社员不听，我们公社北片、上片的生产队都抢着买化肥，我们队公社逼得不行也买了1000斤。但是社员在施肥时不仅不按科学施肥，还偷偷地把化肥窖在地里了事，根本推不开。按照你的计划，种子钱、化肥钱，从哪里搞？队里没钱，群众也没多少，群众即使有也借不来。"

刘晓峰说："大家不能急。方法上要搞对，先开党员会，后开社员会，反复讲，最后再下达行政命令，实现咱们的计划。钱的问题我负责解决，年终还清，如达不到目的，我负责任。"

最后，他们采用先党员、队干，后社员群众，在会上研究，结合会外做思想工作的办法，使群众勉强同意了。即便如此，还有一些人说："老刘是好人，但是把咱往沟里推呀！"刘晓峰闻言，并没有在意。

随后，刘晓峰亲自出马，自己想办法筹集了3500元钱，先后到米脂、绥德，通过米脂县委副书记高子旭，绥德县四十里铺公社主任刘玉锟等领导帮忙，调回撒杂12号山药4万多斤，调回玉米、高粱等新品种。价格优惠，种子优良，米脂、绥德的两位领导还指派技术员给他们做了管理方面的指导。

经过社员的精心管理，秋后测产，玉米平均亩产700斤，高粱平均亩产827斤。特别是沙湖这个地块的5亩地，几辈子以来都是菜地，追上化肥，亩产平均2150斤，达到了吨田。公购粮完成后，县上又给瑶镇追加，追加的指标全部放在乔巴泥沟。县上召开群英会，公社书记白直南和刘晓峰分别在大会上介绍了经验。

由于水肥充足，晋杂高粱长到3.5～4.3米高，每株结了3个穗子，还有5个穗子的，这块地的种植是刘晓峰出的主意。他通过实地观察，走访老农，决定搞个试验，结果大获成功。分配粮时，每人3斗，这下可把社员给高兴坏了。

山药亩产1700斤，虽然没有完成计划产量，但是除交足公粮外，社员口粮足了。山药作价每斤0.35元，全社以种子推广。

这一年的科学种田工作之所以取得不小的成绩，还得益于神木县委驻瑶镇蹲点工作组组长、神木县教育局局长陈光玉，瑶镇公社党委书记白直南，副书记赵世贤和瑶镇营业所主任邢维钧等领导的大力支持。

科学种田喜获丰收，引起了县、社领导的高度重视。神木县、瑶镇公社先后召开现场会，推广经验。第二年，这几个队山药种植面积扩大到人均3亩，到了秋季，社员们把收获的山药运到内蒙古，换回了一部分现金。用山药换牲畜，换回了骡马35匹（头），牛120头。拉出去的山药全部换完，不剩一斤。

当然也有不成功的一面，队里从内蒙古大草原上换回的马匹，在当地无论在使用还是喂养上，都受到了极大的限制，甚至有几匹马耕地时掉下山沟摔死了，造成了经济损失。

从这一年开始，这三个队解决了温饱问题，乔东沟大队进入了先进队，受到县、社两级的奖励。

为了实现稳产高产、旱涝保收的宏伟目标，之后，刘晓峰提议南沟打一座水库，水库可以同时解决南沟230亩水地和乔东沟移河坝地后增加的人均2分水地的灌溉问题。

从此，刘晓峰和小段成了社员们的知心朋友，取得了群众的绝对信任，他们提出什么，大家没一个人反对，都是大力支持，言听计从。

21年的教育生涯，是刘晓峰人生最为艰苦和难忘的一段岁月。这期间，他经历过无数的坎坷和挫折，但他紧紧依靠党的领导和干部群众的力量，发扬艰苦奋斗的精神，挥洒自己的青春和汗水，战胜了一次次困难，全面出色地完成了党交给的光荣任务。

1975年9月，刘晓峰离开了他工作了12年的瑶镇公社，赴马镇公社担任革命委员会副主任职务。

第三部

马镇公社

一

走马上任

马镇位于神木东南部的黄河之滨，地处晋陕两省四县（兴、保、府、神）接壤区，属黄河沿岸土石山区，全镇分黄河沿岸川滩地区和丘陵沟壑区两种地貌，自然条件相对落后，20世纪70年代，群众生活仍然十分贫困。

1975年9月，刘晓峰被提拔为神木县马镇公社党委委员、革委会副主任。接到通知，他先去西安看望了一趟正在住院治病的三弟刘晓川。

从西安回来，去马镇上任前他仍然不放心瑶镇公社三个大队正在施工的几处半拉子工程。安排了几天，回到公社。刚刚由瑶镇公社书记任上提拔为神木县委副书记的白直南专程来到瑶镇公社找刘晓峰谈话。

白直南说："听说你不乐意去马镇工作？"

刘晓峰没有吭声。

白直南说："晓峰，你要理解我的苦衷。""白书记，我理解你，明天我就去马镇公社报到。"白直南说："你能干好，迟是快，快是迟板！"刘晓峰对他表示："努力把工作做好！"白直南满意地点了点头。

第二天，大碹窑煤矿党支部书记兼矿长武成绩，用拉煤炭车拉了一车煤炭，同时把刘晓峰送到马镇公社。

晚上，由公社党委崔来宝书记主持，举行了一个小型的欢迎会，欢迎会上崔书记把领导班子成员和干部一一做了介绍，刘晓峰向大家表态："一定多向大家学习，把工作搞好。搞好团结，团结就是力量。"

会后，崔书记来到刘晓峰的宿舍兼办公室12号，介绍了全社的情况及党委冬季的工作安排：党委确定刘晓峰去合河、郭家会蹲点包站，明年也是这样。

合河这个队刘晓峰很了解，之前他在这里教了半年书，支书人正派，相当务实，人老实。当时群众连一个冬天的口粮都没有。全队800多口人，人均2.5分枣水地，山畔、石畔地人均7分，生活十分困难，全队没有一个自足户，群众生活靠外流打工、拉船赚点钱。村里的懒汉们天天过山西闲逛，偷盗、赌博成风，外流人口多，是马镇公社有名的"烂杆队"，也是马镇公社最穷的一个队。郭家会160多口人，人均4分枣水地。

二

合河队正风肃纪

到马镇报到的第二天，刘晓峰就到合河大队开展工作。大队部有10孔大石窑，其中一孔是驻队干部的宿舍兼伙房和会议室。

晚上，召开了两委会。大队支书讲了几句话，副主任白怀武开了腔："我30年前斗过土豪，40年前扛过枪，解放战争出过力。"接着，日先人造祖宗地乱骂了一阵。说政府不关心社员，得饿死几个人让他们看一看。

刘晓峰细细地观察了这个人，刘晓峰说："你多少岁了？"他说："38岁了。""你参过军？""没有。""是党员？""不是。""你担任什么职务？""副主任。"

刘晓峰说："副主任可是重要职务啊！30年前你多少岁就参加打土豪？40年前扛过枪，你扛过谁的枪？你日先人造祖宗地骂一阵，饿死人给谁看？"

　　支书阮泽堂说："刘主任，这个人叫怀武，社员叫他白主任，主要是负责和公社、县上讨论供应粮、救济粮款，研究其他人事顶不上个人。"

　　白怀武一听，立刻火冒三丈，一跳三尺高："泽堂，你给爷爷说个甚了？"其他人说："你的这三板斧稍微一杵，谁还不知道？咱们听人家刘主任说什么。"

　　刘晓峰说："同志们，我来蹲点驻队，主要任务是和大家共同努力，商量怎样搞好农业学大寨，怎样解决社员的吃饭问题。白怀武今天才对上号了，但是名声我早就知道。路玺琪书记在会上讲过，马镇公社合河大队有个叫怀武的人，其人自吹，30年前打过土豪，40年前扛过枪，50年前打过老蒋。"说得大家哈哈大笑起来。

　　老白是副主任，第一次开会就给了他一个下马威。刘晓峰宣布："今天的会就开到这里吧，散会！"

　　会散了，人还没有走完，白怀武"球"了一声也走了，随后又走了几个人。剩下的人说："刘主任，你不要见怪白怀武，他就知道胡言乱语说一顿，没招儿。你带我们好好干吧！"

　　刘晓峰感觉到群众还是好的，一下子就有了信心，说："要干，而且要好好干。我要先把这个圪节修掉，把在工作上不出力、光捣乱的人清除出支部。

　　第二天一早，白怀武来到队部承认错误。承认自己捣乱会议，讲了一大堆的错误话。刘晓峰按支书的建议狠狠地批评了他一顿。对他说："你走吧，请支书来一下，我们研究下一步的工作。"

三

开山采石　打坝淤地

合河大队党支部书记阮泽堂来到队部，把村里的基本情况如实地向刘晓峰汇报了一番。他说："支部成员大部分都不错，一共有9人，咱们上午是不是开个支部会？"刘晓峰说："好！"一上午的支委会进行得很顺利，大家决心很大，认为应该大干一场，基本困难有两个：一是社员的口粮不够；二是搞农田基建开山放炮缺钱。

刘晓峰说："这两个问题我考虑一要报公社党委，二要向外求援。这两个问题我来想办法，现在关键是人心收拢的问题。"支委会决定当天晚上召开全体党员会，让刘晓峰好好给大家讲一下。

晚上的党员会开得很好，全体党员决心很大，请求公社把合河大队作为一个重点来抓，党支部决心向马镇、盘塘学习，向黄河要田。

第二天，刘晓峰和党支部成员把山上、川里和沟道整个看了一遍，经过前面多次会议研究的情况，最后决定：开山放炮取石头，拦河坝地搞良田；山上种优良品种的山药蛋。第一个是在三角湾填石打石坝，能扩展70~80亩地；第二块选在蛤蟆石，填石堰河打石坝1500米，能新增150~200亩的水地；第三在张神官沟蓄水打坝，能将120亩塌地变成水地。

经过勘察，大家都觉得合河很有发展的希望，并不是没有办法。上山看了1000多亩地，能种山药的有800亩。他们边走边谈，刘晓峰说："只要咱们携手大干一冬春，我们这地方就会彻底改变面貌。"

回去后，公社开了个党委委员碰头会，刘晓峰在会上讲了合河面临的两大困难，然后谈了解决困难的思路。第一请求确定给合河大队社员搞基建具体供应的口粮数。公社书记崔来宝说："合河每人每月供应粮18斤，从1976年1月开始供到当年的7月底。"这是前次两委会根据县上下达的指标确定的。

刘晓峰说："还有一个，能否把合河的三角湾、蛤蟆石、张神官沟这三处工程立项，在以工代赈项目中下达支出，每个工供一斤粮，把保证合河人口不会外流这一工作做好。"

大家讨论认为，合河大队社员的口粮问题确实困难不小，同意重点解决。就这样口粮问题解决了。

"大搞农田基建，钱是个大问题，公社能解决多少？"刘晓峰问，崔书记说："最多一万元。"

刘晓峰说："那得跑县上，甚至到地区去汇报。"公社革委会刘毅主任（兼副书记）说："最低得30万元材料款，县上如果特殊照顾我们，最多给上2万元，我们就谢天谢地了。"

刘晓峰说："会后我进队里再做一下工作，把群众发动起来，让他们好好干，我出去跑几天，碰碰运气。"大家都说："好！"

刘晓峰回到合河召开了两委会，传达了公社党委碰头会议的精神："口粮问题得到了解决。公社从1月开始供到7月，每人每月18斤粮。另外，三个工程同意立项，上报县上帮助解决一部分资金。同时，公社拨一万元工具费，项目已立。合河有困难，每个大工补一斤粮，口粮问题不就解决了？但是钱还是差得太远，这个问题已经经过商议要上报县委和地区，请求给予帮助。"参加会议的人听刘晓峰这么一说，一下子看到了希望，个个喜笑颜开。

接着刘晓峰召开全队社员大会，又分别在五个小队召开会议，发动社员积极报名参加农田基建大队。自己报名，大队审核。最后确定了315人参加，抽15人打平车、打工具。300人分成三个分队，副支书白书前担任第一队队长，负责蛤蟆石备料；第二队队长白支前负责三角湾备料；支书兼第三队队长阮泽堂负责张神官沟备料。白文利当保管，保管掌握实权，此人正派公道，大家信任。会计由白侯由担任。

1976年春节一过不久，大家说干就干，各负其责，一起行动了起来。

刘晓峰回到县上，将社员的积极性和两委会的决心以及马镇公社把合河作为全社的重点来抓的情况一一做了详细汇报。对于合河队，县委是知道的，经研究，县财政解决7万元，县水电局在专项经费中拨8万元。

刘晓峰回到公社向崔书记汇报后，崔书记马上说："你不必回队里去了，趁热打铁，再到地区汇报。合河我去走一回，既然县上大力支持，让他们大干，我为大家鼓鼓劲。"

刘晓峰马不停蹄地到了榆林，来到地区水电局，给高子耀局长做了汇报。高局长曾在瑶镇蹲点一年，和刘晓峰十分熟悉，也相互了解。高局长说："我连县上、公社都管不了，怎能直接去管大队？合河我知道，太穷、人杂、没志气呀。"

刘晓峰恳切地说："高局长，这次的情况和以往大不相同，我们把社员发动起来了，保证没有一个人外流。合河能不能作为你们局的一个重点直接来抓一下，就看您了。"

高局长说："晓峰，你能吃苦，有雄心、办法多，肯定能搞好。这样吧，你等等，我开个局务会研究一下，如果把合河作为我们水利局直接抓的一个点，给点经费还是有可能的。"

刘晓峰住在地区招待所，第二天中午11点30分，高局长告诉等候在地区水电局机关的刘晓峰说："你等着，我一会儿来请你吃饭，告诉你好消息。"过了一会儿，他真的来了，说："走，吃饭去。"刘晓峰着急地问道："局长，我的事你们研究没有？"高说："定了，给你30万元，不过还得请示一下王彦成副专员，他一同意，我们马上下文通知。"

30万元！这绝对不是一个小数目。在那个困难时代，这几乎相当于当年神木全县十分之一的财政收入。刘晓峰有说不出的高兴，和高局长肩并肩走出了地区水电局的大门，随便找了一家饭馆。两人在饭桌上又谈了一些有关工程建设方面的话。

下午，经请示王彦成副专员并征得同意，下班前地区水利局批文正式下发。

那一晚上，刘晓峰基本彻夜未眠，心中盘算着怎样计划，如何推进。经过反复思索，基本框架确定，蛤蟆石、三角湾面临的就是石崖，只有放炸药炮解决。

第二天刘晓峰就回到公社，向党委汇报了情况，接着就去合河。首先买钢钎、大锤、撬棍，自制炸药。三角湾放了20吨的两炮，大小石头基本够用。蛤蟆石经技术专家论证，放50吨一炮。刘晓峰汇报给公社党委，党委同意技术专家的意见。

蛤蟆石50吨的一炮，很成功，端端正正两块五六孔窑大的石头滚落在河滩，大小不一的石块放下一片。点炮时，刘晓峰是站在黄河对面的山顶上察看，炮一响，冲天冒了一股硕大的蘑菇状光体，接着石山开花，巨大的石块从崖上滚到沟底，蔚为壮观！合河队的社员们高兴得跳了起来，放了四串鞭炮表示祝贺。

合河队的阮学艺在内蒙古伊克昭盟盟委工作，他和合河队的社员全生联系，把8号铁丝（生锈成红片子）以每公斤0.36元的低价卖给了合河大队50吨，省了不少钱。经过10个多月的决战，蛤蟆石150米、三角湾1100米的拦河坝筑起。阮学艺为穷村立了大功，至今群众仍然念念不忘。

老天也帮了合河的大忙，1976年7月8号，发了一次大洪水，把两个坝填得满满当当的，淤成247亩好水地。立秋时节，社员们种下白菜、蔓菁。

张神官沟的水库也竣工了，120亩塌地变成了水地。两处总共新增水地367亩。当年队里的山药也获得了丰收。

这一年，合河大队大丰收，各方面都取得了成绩，开始一步步向前走，刘晓峰也出色地完成了公社党委交给的任务。

四

盘塘蹲点

刘晓峰上任伊始，就在合河做出了这样的成绩，引起县委的高度重视。1979年10月，刘晓峰提任马镇公社党委副书记兼革委会副主任（1980年12月开始，称人民公社管委会）。分工由教育、文化、宣传等调整为主抓经济，并负责四站（片）的各项工作。

四站指黄河沿岸的盘塘、磊沟、秦梁、张家塬、东梁堡、北梁堡、申家沟等十三四个大队。这些村生活一直贫穷、社情复杂、村容村貌较差，落后面相当大，是全马镇公社的"老大难"。

同样是1976年7月8日（农历六月底）一场大水，使马镇公社沿河各队遭受了严重的水灾。黄河洪水暴发，流量达到10500立方米/秒，淹没了沿黄河各队大部分农田，其中盘塘大队遭灾最为严重。

1978年下半年，刘晓峰执行公社党委的决定，受命带队在盘塘大队蹲点一年，当时叫指挥中心，重点抓了灾后重建工作。

盘塘是马镇农业生产条件较好的一个大队，地处黄河沿岸，交通便利，水源丰富，气候温润，地势平坦，土层深厚，发展农业生产条件极为优越。过去就有不少因河流冲积形成的沙土滩地，头几年，公社党委提出"向黄河要地"的口号，大队沿河在原有基础上又扩展了几十亩农田。

刘晓峰盘算着："盘塘首先要解决的是信心问题，在严重的自然灾害面前，决不能败下阵来。进村后，他多次组织召开会议，首先解决了领导班子的认识问题，然后动员社员群众迅速开展灾后自救和重建工作。

他说："黄河水灾自古就有。远的不说，1942年就有一次，冲毁了我们大面积的滩地和不少房屋。每隔几十年，黄河就要发一回脾气，只要我们掌握了它的脾性就好办，毕竟黄河温顺的时候多，水灾几十年才一次。因此，我们不能恨它，黄河也是朋友，要变水害为水利，让黄河成为造福人民的河。"

他进一步鼓舞大家："庄稼没收成，我们秋后种菜。从明天开始，全部动员起来，领导带头、党员带头，先解决吃住的问题，再修路、恢复农田，明年就是个好收成。到时候就是：猪肉翘板粉，满房子烧酒气！"刘晓峰一席话说得大家都高兴地笑了起来，信心也一下子提高了不少。

随后各项工作有序展开，刘晓峰和大队党支部书记王连登身先士卒，全队实行早6点上工、晚6点收工的劳动制度，日夜奋战。经过一个秋冬的努力，达到了预期的工作目标。

第二年，刘晓峰带领队干部先后赴山东蓬莱，引进两汽车优良的花生和红薯品种，在榆林地区试种。种植成功后，逐步在周边和全区不少地方推广，花生品种的推广使盘塘大队得到一笔可观的收入。此外，刘晓峰还上内蒙古、宁夏，引进山药新品种，在盘塘大面积推广，实行"两杂两薯"科学种田，增加了产量，解决了社员的吃饭问题，杜绝了人口外流现象的发生。从此，盘塘大队的社员看到了优良品种和科学种田的好处。

在以后的日子里，只要一有新品种他们就大胆引进，在种植业方面逐步形成传统，并得以传承至今。特别是注重特色农产品的品牌打造，立足特色资源，瞄准市场需求，精准发力，发展优势产业，打造"一村一品"示范项目。建立种养殖专业合作社，搞覆膜、大棚蔬菜种植，实施千亩地膜花生示范种植，百亩西瓜、甜瓜、软玉米标准化种植，取得了突破性进展。其中地膜花生平均亩产508公斤，创全国最高纪录。产品利用水陆交通便利的优势，销往黄河两岸，使群众真正尝到了甜头。这些都得益于当年刘晓峰这位有远见的领导。

马镇公社有6000多亩水地，全靠大小柴油机抽灌，1975年和1976

年柴油供应十分紧张，供销社四处组织，只能解决五分之一的柴油。公社党委决定让刘晓峰负责此事，后来刘晓峰设法在东胜、包头等地调进柴油数百吨。另外从山西、内蒙古调进不少化肥和坝墙用的铁丝和堰河工程所需的其他物资。

五

建设两条公路打头阵

1977年，马镇公社党委放开手脚大干实干，制定了2～3年强化基础设施建设，修通马镇至瓦罗和马镇至盘塘两条地方公路，并力争扩大村庄通电的宏伟蓝图。

第一条公路马（镇）瓦（罗）路，于1977年动工，沿途经过的村庄有：马镇、白家山、瓦窑渠、庄则上、焦家洼、杨家崖、王家沟，到瓦罗接入神盘（神木至盘塘）公路，全长15公里。

第二条公路马（镇）盘（塘）路，于1978年动工，沿途经过的村庄有：马镇、合河、申家沟、郭家会、北梁堡、东梁堡、小园则峁、磊沟、寨子沟、秦梁、盘塘等村，全长也是15公里。

这两条公路均为民建公助。当时，国家每条公路只拨款3万元，其余工程费用全部由民工修建完成。两条公路地形复杂，工程难度大、费用高。马镇至瓦罗有近5公里的石山路段，10公里左右的黄土路段。特别是马镇至盘塘线，则是一条沿黄（河）公路，合河至申家沟岔口，三四公里全是石砭。

要拓宽路面，必须用炸药开山劈石头，才能解决问题。3万元钱仅仅是工程前期的部分费用，用来购买铁撬、锤錾等工具和炸药。当时每个民工年底决算每天才一角五分到二角钱。面对如此困难的局面，马镇人民发扬"艰苦创业、艰苦办一切事业"的精神，在公社党委的统一领导下，抽调民工，积极动员沿途各大队社员群众参与，男女老少齐上阵。

刘晓峰是两条公路建设的总指挥，他身先士卒，坚持吃住在工地，和社队干部群众夜以继日、连续作战。在"若要富，先修路"的战斗口号鼓舞下，社员们个个怀着脱贫致富的美好愿望，不计个人得失，争着、抢着做贡献。每年秋收结束，公路开始动工，到天气大冻不能施工为止。第二年春天，大地一解冻又开工，每年奋战时间在七八个月以上。两年下来，终于把这块硬骨头啃了下来，两条公路按期竣工，全线贯通。国家补助的 6 万元不仅修通了以上两条公路，马（镇）盘（塘）公路还从马镇向北延伸了 5 公里至葛富大队。

公路修通了，彻底改变了几千年的交通落后状况，广大群众由过去的人背、驴驮变成了用平车或汽车、小四轮运输，本地生产的大量红枣、杂粮、山药、羊肉等农副产品源源不断运到外地。公路建设解决了农产品的运输问题，增加了群众收入，提高了社员的生活水平，大大改变了落后地区的面貌。

1978年，盘塘大队打石头不幸造成了3名社员死亡。当时，所有公社干部全都下到所在队。听到这个消息，刘晓峰马上带领机关留守的最后一位干部、会计焦养正连夜从公社出发赶赴出事地点。到了盘塘大队，刘晓峰、焦养正在大队党支部书记王连登的带领下，连夜一户一户地安慰死者家属。

除了修路，村庄通电也是马镇的大事。马镇电力发展开端于1964年，当年马镇大队买回80马力柴油机一台及配套的发电机，在黄河畔盖起机房一座，形成抽水与发电兼顾的电力线路系统，发电照明，兼顾米面加工、榨油。1968年至1972年，因用电不慎造成人身伤亡事故，停止了发电。1972年，马镇放大站发电，除了供广播信号放大之用外，也供公社各机关照明。

1983年，府谷天桥电站送电至神木后，时任公社党委书记的刘晓

马镇公社的盘山公路

峰抓住机遇，协调有关部门将10千伏高压线架至栏杆堡、瓦罗，并延伸到了马镇公社。马镇公社范围的马镇、葛富、白家山、瓦窑渠、田家山等队首先通上了电，用上了电。中梁上、邱家圪、武家圪及盘塘的一些村，则通过沙峁变电站，就近接入输电线路。

1983年年底，全社以柴油机为动力，有50%的生产领域实现了机械化，完成了公社党委扩大供电的计划。

六

开办农民服务部

刘晓峰出生于农村，对农民的难处最了解。改革开放后农民的富余产品不断增多，大量的农副产品卖不出，变不成现钱，甚至烂掉，农民生产积极性受挫。面对这种状况，刘晓峰看在眼里急在心上。他开始考虑解决问题的办法。

1979年，时任公社管委会主任的刘晓峰，破天荒在神木县城办起了全县第一家"农民服务部"。服务部属公社所有，按企业管理，服务

当年"农民服务部"经销的"红岩牌"缝纫机和绿豆大曲

对象重点是马镇公社的农民。一是帮助农民推销红枣、花生、杂粮等剩余农副产品。在冬季经营猪肉羊肉，以此调动农民养猪、养羊的积极性，推动全公社养殖业的发展。

公路修通后运输便捷了，农民将剩余的大量农副产品送到服务部由门市销售人员负责坐店经营，服务部的另外一部分人员对外联系用户，向外推销，业务扩大到周边县区及山西、内蒙古等省区。此外，服务部还搞深加工，将红枣加工成枣酒，扩大产业链，增加附加值。

二是服务部兼营部分轻工产品。刘晓峰思想活跃、意识超前，门路广、办法多。

20世纪80年代初，缝纫机属于非常紧俏的商品。当时，青年人结婚讲究"三转一响"（缝纫机、自行车、手表和收音机），追求时尚，提高生活质量。生活逐渐好起来的农民很多人想买一台缝纫机，为儿女的婚事做准备，但是苦于买不到。为了解决广大社员群众的这一迫切需求，他亲自下四川、过重庆，在成都通过熟人关系，购进300台"红岩"牌缝纫机。首批缝纫机供应马镇、沙峁、瓦罗几个邻近公社农民，回来后被一抢而空。销售缝纫机扩大了马镇公社的影响和马镇农民服务部的知名度。马镇公社的农民服务部出名了，每天门庭若市，

当年"农民服务部"经销的泸州高粱白

人头攒动，不断有来人打问缝纫机和一些买不到的紧俏商品。

除此之外，他还购进绿豆大曲、泸州高粱白等外省白酒。刘晓峰在全县公社书记会上推销，让大家品尝，自当推销员、代销商。

四川大竹县生产的绿豆大曲色泽呈黄绿色，具有绿豆、荷叶的复合香气。绿豆大曲酒精度低，48度浓香型，带甜味，口感不太好。神木人向来对低度数酒不感兴趣，所以绿豆大曲的市场一直打不开，卖了两批就再没有采购。而四川泸州高粱白，纯粮酿造，酒体清澈透亮，喝起来醇厚净爽，酣畅淋漓，回味悠长。而且价格适中，每瓶进价7～8角，卖价1.5～1.7元，消费者反应不错，比较畅销，利润可观。

刘晓峰的这一切举动，目的只有一个，就是为财政十分困难的马镇公社增加收入。

七

统揽全局　分类指导

1969年8月，榆林专区召开会议决定开展向本区清涧、府谷和山西河曲县的6个先进社队学习，掀起了一个以修建小型水利为中心的农田基建高潮。同时，号召积极开展科学种田，大力推广杂交高粱、杂交玉米和杂交洋芋良种，提高粮食产量。

刘晓峰无论是担任副职期间还是主要领导以后，都是围绕这一总目标，积极开展工作。特别是担任党政一把手以后，从各队的实际出发，总揽全局，因地制宜，分类指导。为此，他多次组织召开公社党委会，首先统一党委一班人的思想认识。

各位党委委员积极发言、献计献策。大家认为：解决粮食问题，最根本的问题还是建设保水保肥的基本农田和提高粮食单产。在公社党委的统一领导下，各队根据不同地理环境，因地制宜，采取各大队抽调青壮年劳力，自带口粮大会战的方式和以队为单位"各个击破"的办法开展了大规模的农田基建，取得了辉煌成就，增加了农田面积。尤其是坝地和水地，成了旱涝保收田，群众已经充分认识到这方面的好处，形成了共识，积极性非常高。公社党委应该保护和进一步调动群众的积极性，继续发展大好形势，大干、快上，这样，摆脱贫困是早晚的事。

指导思想明确了，然后各驻队干部深入各队落实项目，广泛征求群众意见。党政领导每人包抓一个站（一个片），督促检查，形成总体意见后向公社党委汇报。反复论证，最后形成农业发展的方向、措施，进行分类指导。

马镇地处神木东南的黄河沿岸土石山区，全镇分黄河沿岸川滩地区和丘陵沟壑区两种地貌，由于地理环境不同，生产和发展方式也各不相同。

1. 解决粮食问题，建设基本农田和提高单产

全公社有13个村为沿黄川滩地区，凡是川滩地区沿黄河各队有多少不等的因河流冲积形成的水地，这些地块，既可得黄河灌溉之利，又时有黄河水患之害。

马镇沿河的坝河工程是建设基本农田的基本方式，历史悠久，并已形成传统。

刘晓峰在领导盘塘等沿河队坝河要地的工作中，借鉴前人的经验，充分发挥群众的主观能动性，动员群众、依靠群众，在原有基础上跨上了一个新的台阶。到1983年实行生产责任制时，马镇大队前后筑起五条大坝，搬运石方4.8万立方米，新增水地500亩，全队总水地面积达到1240亩，人均0.7亩。盘塘大队历年筑护岸坝3000米，搬运石料3.6万立方米，增加滩地1500亩，人均达到2.5亩滩地。其他沿河队也都根据各自条件组织社员筑坝。葛富大队、合河大队、北梁堡等大队的滩地也大面积增加。

丘陵沟壑区以农牧业为主，全公社有36个村属于黄土丘陵沟壑区，十年九旱是山区农业生产的主要自然灾害。加上交通闭塞，长期处于自给自足的自然经济，靠种地、养牲畜维持生计。

山区队的基本农田建设主要依靠修梯田、打淤地坝。20世纪70年代，各生产大队成立了农田基建专业队，抽调三分之一甚至更多的劳力坚持常年修梯田，做到定任务、定劳力、定时间。全民动员修梯田、打坝，公社调集劳力修建了杨家山淤地坝，淤地200多亩。申家焉、中梁、阴寨子等队修建了大型淤地坝。各队都在沟沟岔岔打坝淤地，修高标准梯田。张家峁的郭凤茂带领社员坚持常年修梯田，人均达2亩，成为全社示范队。

马镇山区沟壑纵横，村村有打坝淤地的条件。坝地有明显的保水保肥增产优势。1982、1983年左右，马镇公社山区修梯田已进入修建高标准梯田的阶段，此时的工作重点转到了打坝淤地，打坝的方式也由"取土筑坝"发展为较为先进的"水坠坝"。即用柴油机引水拉土，淤漫坝体，逐层加高。然后是洪水冲刷流域内的泥土逐年淤漫出坝地。此办法采用的是1975年子洲县电市水库修建的成功经验，也是当时较为先进的水利工程技术。刘晓峰就是利用这一先进技术，进一步规划了全社流域治理。申家焉大队一条沟51公里长，将一条沟分段治理，分段打数座土坝，坚持5年，打坝5座，搬运土方14万立方米，新造坝地140亩。中梁村是山区大村，打坝淤地条件好，但工程量大，然而这个村坚持数年打坝，历年累计打坝21座，淤地总面积达到500亩，实现了人均1亩坝地。

到1983年，全社"三田"面积达到18085.7亩，其中水地5369.7亩，坝地3859亩，梯田8857亩。20世纪80年代，全社人均"三田"（水地、坝地、梯田）达1.2亩，粮食产量翻了一番，达到自给有余。可见山区队的根本出路就在于修梯田、打坝，提高亩产。

山区队除了小杂粮种植外，还要主打"两杂、两薯"（杂交高粱、杂交玉米和杂交山药、杂交红薯），于是在刘晓峰的带领下，全社把改良品种提到重要的议事日程。

1983年前，全公社粮食作物种植面积占总种植面积的85%左右，薯类、油料和其他作物占15%左右，经济作物和蔬菜种植面积随市场价格波动较大。山地作物仍然以各种小杂粮、油料、山药为主；川水地和坝地除了传统的以种植玉米、高粱为主外，继续种植黑麦、芝麻、花生，重点引进花生新品种。1983年全公社粮食种植面积37100亩，总产469万公斤；豆类20201亩，146万公斤；薯类4948亩，总产753万公斤。

2. 发展名优土特产品，填充农民的钱袋子

红枣、羊肉和杂粮是马镇的传统土特产品。特别是红枣和羊肉，种养历史悠久，适合当地生存和发展，可以解决一部分农民的花钱问题。问题在于如何进一步协调发展和畅通销路。

黄河沿岸川滩地还习惯于枣树间作，1981年约有5000亩枣园，是当地农民重要的经济收入来源。马镇的红枣皮薄肉厚，甜脆可口，含有丰富的维生素C和铁元素，气血双补，是食用、滋补和保健佳品，适宜加工熏枣、烤枣，也是度灾的"木本粮食"。但本地产的红枣品种主要是木枣，品种单一，应嫁接新品种，发展为主导产业。

畜牧业是农业的重要组成部分，畜力是农民离不开的重要生产力，家畜家禽饲养又是重要的经济收入来源，农牧业互补，在农民生活中占据着重要的位置。

马镇境内林草植物丰富多样，有上百种优质牧草和名贵草药，适合养羊。本地产山羊、绵羊肉质鲜美、无腥膻味，羊肉有补中益气、开胃健脾的功效。本地炖羊肉制法独特，是难得的美味佳肴。夏季群羊在坡洼吃草，群牧坡养既节省劳力又可以充分利用自然生长的野生饲草资源，还有相当可观的经济收入。放羊（散养）养羊历史悠久，是一项传统产业。因此发展养羊业是本境的不二选择。应重点解决冬季饲草，同时防止过度放牧造成生态破坏。

再就是适当发展养猪业。20世纪70年代国家号召多养猪，政策规定自留地中留有一定的猪饲料地，以鼓励农民养猪。山地区每头猪留三分旱地；水地区每头猪留一分水地。但因饲草和饲料消耗大，短缺严重，为保证人均口粮，养猪只能量力而行。

此外，山区队还应大力发展杂粮生产。该地区土层深厚，土质绵软，是糜谷、豆类等各种杂粮的优生区。

科学种田再显身手

仅有基本农田还不够，要想实现高产稳产必须改进农作物品种，同时，肥料在使用农家肥的基础上再追加化肥，科学种田才能大幅度地提高粮食单产。

刘晓峰在瑶镇工作时，他真正体会到了科学种田的好处，在这方面也积累了不少经验，对此他胸有成竹。

早在1975年3月，榆林地区就召开了科学种田工作会议，总结交流科学种田的经验。此后，全区基本上实现了社社有农技站，90%以上的大队建立科研室。但是此时的马镇公社尽管设有农技站，但在良种推广方面，大多数农作物仍然是老品种，刘晓峰觉得这样不行，农作物产量一定严重滞后。

1980年的初冬，秋收刚刚结束，他便抢占先机，带人去了山西，利用他的熟人关系和早已收集到的信息，在山西、内蒙古和宁夏等省区引进山药优良品种——撒杂山药。撒杂山药在当时是最新品种，丰产性和抗逆性明显优于老品种，产量比传统山药品种在同等水肥条件下要高出30%以上。

第一年群众不放心，钱也不宽裕，他和供应方商议，采取付一部分，赊欠一部分的办法，等来年秋成付完剩余款项。农民接受了，丰收也如期实现了。

1982年撒杂山药开始在全公社大面积推广。在1983年全公社4948亩薯类种植面积中，基本实现了良种化，两种薯类的亩产量稳定在5000到6000斤之间，总产突破753万公斤。

山药种植可早，也可适当种晚，还有夏秋两季之分。相对耐旱，田间管理相对简单。山药含有丰富的维生素及钙、钾等微量元素，能供给人体大量的热能。食用范围广，做法花样多，吃起来也可口，确实是大自然的馈赠，是老天爷恩赐给这一方百姓的神苗苗。在缺粮的年代，山药是当地农民填饱肚子的重要农作物品种。遇上灾年山药、红薯就由副食变成了主食。

丰收季节，沟沟洼洼挖出来的山药堆遍布地面。马镇引进撒杂山

科学种田谷子丰收

药在神木全县是第一家，随后带动了南部山区大面积耕种。优良品种为山区群众改变生活状况做出了重大贡献。

陕北地方广种黑豆，1980年，马镇山区黑豆种植面积每年在2万亩左右，在各种豆类中所占份额最大。1982年刘晓峰从辽宁省铁岭地区引进了黄豆新品种。

此外，刘晓峰还引进了杂交玉米和杂交高粱的优良品种，在川水地和坝地推广种植。

通过品种改良，1983年，马镇粮食作物亩产达到300至400斤，加上山地粮食的产量，全社粮食总产量达到720万斤，比20年前粮食总产量增长3.2倍。按当时全社人口16998人计算，年人均粮食拥有量为425公斤。

九

实行家庭联产承包责任制

党的十一届三中全会召开后，神木县根据中央和省、地指示精神，对农村经济体制逐步进行改革。1980年建立以作业组承包土地联系产量的生产责任制，1981年改为以户承包土地、定产的责任制，即土地、牲畜、农具按人承包到户。后来集体林也承包到户，农业税、公购粮任务、公共开支等相应地也承包到户。

马镇公社结合实际，先将生产小队分成作业组，实行小段包工、定工计酬、联产到劳的生产责任制，1982年冬天，在取得试点经验后，1983年全面实行家庭联产承包责任制。土地、枣树、牲畜，按人承包到户，承包人在缴纳两税（农业税、农林特产税）、公粮和集体提留后，剩多剩少都归农民自己所有。

当时，全国各地改革的实践证明，实行包产到户使农村面貌越来越显现出生机和活力。神木县大部分公社也开始行动，不少公社搞得很成功，取得了经验。为此，马镇公社党委积极开展了宣传动员工作。

通过大量的思想工作，统一了认识，提高了广大干部群众的思想觉悟和政策水平，改革变成了人们自觉的行动。

马镇家庭联产承包责任制的实行受到了农民的普遍欢迎，提高了农民的劳动热情，促进了生产力的发展，其见效之快，是人们没有预想到的。

农村经济焕发出了前所未有的勃勃生机，粮食产量大幅度提高，农民收入增加，绝大多数群众的温饱问题基本得到解决。实行生产责任制使大批农民从农业生产中解放出来，剩余劳动力开始进城务工。不少农民之间互相借款，或在银行贷款，用来搞多种经营以及经商办企业，一部分农民很快致富。

✛

坚持同群众打成一片

刘晓峰在马镇工作期间，坚持和群众同吃、同住、同劳动，和群众打成一片。他从衣着打扮到生活习惯，极为简单朴素，从不讲究。清癯黝黑的脸庞，留平头或短发。天气冷了，在野外或工地上习惯戴一顶单层布帽，顶多围个围巾。常年穿一身中山装，衣领或袖口往往打着补丁，使人很难区分他是农民还是干部。唯一的区别可能就是中山装上衣是四个兜，别上一支钢笔。即使条件改善了，他的形象也基本没变，充其量是不再穿打补丁的衣服。

他吃饭就是喝一碗拌汤，主食也不要。在他的办公室柜顶上常年搁着干馍馍片，夜深了，和同事谈工作，饿了就拿出来，吹吹上面的灰尘，吃上几片，喝上点开水，用来充饥。他下乡派饭吃，农民吃什么他吃什么，农民住什么他住什么，从不计较。机关里办公室兼宿舍，土炕上一床薄被，冬天在被子上搭上老羊皮袄。

20世纪70年代中期，国家要求干部全年参加劳动达到"一二三"。即县上干部全年参加劳动100天，公社干部全年参加劳动200天，大队干部全年参加劳动300天。榆林地区掀起了以改土治水为中心的农田基建高潮。

刘晓峰在坝河工程建设中，坚持"两个5点半"，即早晨5点半上工，下午5点半收工。有时营生（活计）不完不收工，冬季的下午5点半，天已经擦黑，刘晓峰跟着大家一起干，有月亮干，没月亮也是干，真正做到了"白天大干，晚上夜战"。

坝河时，要把石崖上炸下的石块用平车拉上倒进黄河，要冒很大的风险，但他毫不畏惧，和社员一个样，推车倒石头。他的吃苦精神令在场的群众感动不已。他不吃早饭，不洗漱，早上一起床就上工地劳动，回来才洗漱、吃饭。当时公社干部遇上开会或有其他要事，回机关不留宿，一吃饭就要求下到队里。

1979年冬天，他和公社会计焦养正一同去杨家山下队。头天晚上在队里开会，第二天一早就和焦养正一起背上背篓给集体往山上送粪。从粪场到地里交通不便，路况非常不好，要经过一段石崖路。土石山区的路很窄，还没有完全修通。路的下面就是几十丈的深沟，不小心就会掉下去，后果不可想象。他们两人硬是背上粪趴着来到地里。

刘晓峰十分重视干部的培养和教育，无论是队干还是公社干部。在工作上严格要求，大力支持。工作中出现问题他主动承担领导责任，并能指出干部的缺点和错误，帮助他们改正；在生活上关心体贴，主动为他们排忧解难；在人事问题上，能任人唯贤，只要是品行端正、有能力，做出成绩的都会大胆提拔使用。

焦养正1975年在苏家峁、东梁上工地干活，是公社统一抽调的工程队队员，刘晓峰发现此人正派、能吃苦，熟悉账务。一年后，经刘晓峰协调以社筹人员将焦养正调进马镇公社担任会计。接着他有意抽调焦养正下队，深入农村熟悉中心工作。焦养正不负众望，1986年被提拔为沙峁乡的副乡长。

刘晓峰对反对他的人，总是从团结的愿望出发，通过批评和自我批评，最后达到团结的目的。他襟怀坦荡，有问题直面相陈，只要是为了工作，他从不计较，照样提拔重用。

马镇大队焦海则，盘塘大队王连登，葛富大队郭茂虎，磊沟大队李魁等，都是当时非常有权威、有水平的大队党支部书记，他们不仅资格老、水平高，最主要的是一身正气。

刘晓峰非常重视这几个队的班子建设，不断加强党支部的组织建设和思想作风建设，引领他们充分发挥党支部的战斗堡垒作用和党员的先锋模范带头作用。"公生明，廉生威。"在贯彻党的路线、方针、政策和公社党委的决策，以及在全社比较大的建设项目中，这几位书记都能从群众的利益出发，不徇私情，不畏歪风邪气，遇事能一声喊到底。他们身先士卒，敢作敢当，为马镇公社的发展做出了积极贡献。

刘晓峰在马镇工作多年，在群众中享有很高的威望。

1979年12月，刘晓峰经选举全票当选马镇人民公社管委会主任，全面主持政务工作。1980年6月，他被提任马镇公社党委书记。

十一

在马镇的经验教训

刘晓峰在马镇公社工作了8年，在他调走前公社通了电，修成了25公里的沿河公路，队队实现了通公路，煤炭等物资可以直接送到各个生产队，工作取得了显著的成绩，受到县委、县政府领导的多次表扬。晚年，他在总结这段工作经历时认为：虽然自己在马镇公社干了一些实实在在的事，搞得也还算不错，但也有失误，更有血的教训。

第一件事是实行土地承包责任制太晚，给马镇的群众造成了损失。党的十一届三中全会后不久，孙家岔公社党委书记刘买义率先在全县实行了家庭联产承包责任制，调动了群众积极性，使农民的收入翻了一番。其他公社先后也向孙家岔学习，但是由于自己思想保守，跟不上形势，理解党的政策不到位，束缚了群众的手脚，马镇是全县最后实行家庭联产承包责任制的公社，这对马镇的群众来说损失是很大的。

第二件事是修公路、搞农田基建前后死了几个人。他说："我们在总结经验教训时，认为领导负有主要责任。干部高昌林领导村民修了15公里公路，大小事故没出过一次。但是我们公社的两位副主任一人领导一个队修了一两公里的路，结果是盘塘施工，石头下来压死了人；另一个负责合河队，点炮又炸死了人，搞农田基建土方压死了人。"

"在公社党委会上，我让他们总结经验教训，他们很皮毛、轻描淡写地说了几句。对此我很恼火，声色俱厉地说：别的干部、站长（片长）领导的队都没出任何问题，唯独你们两个副主任领导的队死了人，这可是血的代价呀！现在，你们还是这么个态度，还说死者是个二百五。你们既然知道是二百五，为什么还要安排成炮手，你们这样的所作所为能对得起那些搞建设而献出宝贵生命的同志吗？你们不负责任，造成严重后果，还不认真反省反省。你们必须在全体干部会上做全面、深刻的检查。"

后来，这两位副职在公社全体干部会上做了深刻检查。刘晓峰在公社党委扩大会上也做了深刻检查，并向县委以马镇公社党委的名义写出书面检查。县委批示：要汲取总结经验教训，杜绝事故再次发生，并强调要认真安慰死难的家属。刘晓峰说：虽经如此，但对我来说一生都不会忘记这些为社会主义建设事业献出宝贵生命的同志。

第四部

外贸战线

转任外贸局

1983年10月，神木县委发文通知刘晓峰调任县外贸局局长兼外贸公司经理，原局长刘光汉改任外贸公司书记，原外贸公司经理焦占明改任副局长兼副经理。

神木县外贸局（外贸公司）初建于1974年，最初是由县农副公司分家出来，成立了县外贸畜产公司。后来，县外贸畜产公司又一分为二，分成县畜产公司和县外贸公司两个单位。1983年年初，根据中共中央、国务院关于简政放权的精神，外贸局实行政企合一，干部职工工资不再列入县财政预算，由外贸局及其公司"自主经营、独立核算、自负盈亏"，工资与财政脱钩，自行解决。

刘晓峰调动的通知一出，好心的朋友劝告他不要去，去一个没有财政拨款的单位，不好。况且，外贸局太复杂，员工100多人，人事关系复杂，建议刘晓峰去县里找任国钧书记和曹步荣县长、崔来宝副县长，让他们给重新安排个合适的地方。

刘晓峰反复想："既然组织上定了，作为党员我就应该服从分配。况且我一天也没去工作，没理由提出调整。有困难自己克服，不能给领导出难题，先去了再说！"

1984年春节过后，刘晓峰在神木县外贸局报到上班。

第二天一早，刘光汉主持召开了见面会。首先向大家介绍了刘晓峰，告诉大家他原来是马镇的公社书记。然后将各位副局长、副经理、正副股长一一做了介绍。最后请刘局长讲话，会场上响起了稀稀拉拉的掌声。

刘晓峰笑了笑说："没什么说的。政企合一我还没干过，大家好好干，我会跟大家多学习的。"刘光汉问："完了？多讲些嘛，今天你没讲话啊。"刘晓峰回答："讲完了，会开完了。"话里话外，刘晓峰明显感到刘光汉有情绪。

会后，单位上议论了几天。有的说新局长干不了，不会干。有的说倒霉了，6万元的任务准完成不了，到时候，大家的收入也保不了。刘光汉借机到县政府把见面会的情况报告了县长，并说："新局长人选不合适。"领导批评他说："你好好支持刘晓峰的工作。见面会他能说什么？刚到还不熟悉情况嘛，得慢慢来。"

过了十来天，刘光汉见刘晓峰没什么动静，就主持开了一次支委会，研究了外贸形势及存在的问题。最后，班子成员进行讨论，副局长讲了些客观情况，张德琪副经理汇报了具体工作。这次会上，刘晓峰还是没有发表任何意见。

散会后，刘光汉征求刘晓峰对他本人有什么意见。并说："开会你什么也不说，咱们不好配合。"刘晓峰说："我刚到，能对你有什么意见？你是我们的老领导、前任局长，我看重你的为人，我知道你的难处。你别担心，咱们好好配合。这几天我了解了基本情况，下一步怎么干我正琢磨着，成熟了向你汇报。"

半月以后，刘晓峰决定周一早上首先召开一个全体人员会议。

这一次会议到的人比较齐全，坐满了整个会议室，门口还站了一些人。刘晓峰一进会场就发现刘光汉左右的几个人龇牙咧嘴，交头接耳。

刘晓峰坐下宣布开会。他刚说了几句，就有个叫贾宏义的职工站起来发难。刘晓峰扫了他一眼，没吭声。接着又站起来两个职工嘟嘟囔囔，大家也没听清他们到底说了些什么。

等他们说完了，刘晓峰走过去一把把贾宏义拉起来，严肃地说：

"你站起来！不要坐，把你的话说完！想坐就坐没那么随便！"会场上顿时鸦雀无声。刘晓峰让他们几个当着大家的面好好讲讲，结果他们无语。

于是，刘晓峰说："你们不讲我讲。你们什么时候想讲，就说一声，随时恭候！

本来刘晓峰开会没打算讲纪律，可在这个时候只能因势利导。他说："今天先讲一条，会议纪律。我当外贸局长，一月是个当，二年三年也是个当。让我主持会议，无论什么人，都必须遵守纪律，不准捣乱。我当局长，做得不对大家可以批评，也可以到县委、县政府反映。但如果有意刁难捣乱，决不允许。也不允许想来就来，想走就走。通过教育不改的，最后交刘书记诫勉谈话，谈话后还不改的，那好，我送你到县委、县政府由组织处理。外贸局除名的理由就是不接受领导。"

接下来，刘晓峰讲了全年计划：各个股室的任务、措施、具体工作步骤，以及各个公司的利润任务。他说，如完不成任务，带头扣除自己的工资奖金，并请求县委免职。他要求散会后以股室为单位，开会讨论制定的目标任务，限期两天。第三天召开局务扩大会，局领导和正副股长全员参加。

会后，刘晓峰找了会场上的三个人分别谈心，他以理服人、以情感人，说服了他们。这些人都表示自己错了，以后一定改正，跟着刘局长好好干。后来，他们果然在刘晓峰任职期间，都成了业务骨干，分别担任了站长等重要职务。

出口绿豆 打开外贸局面

过去神木县的外贸生意主要是坐地经营，依靠行政手段收购本地农副产品、工艺品，获取一定利润，以维持运转。

如何打开外贸工作的新局面？突破口在哪里？通过近一个月的调研，刘晓峰心里大体有了主意。两天的会议他参加了粮油股的讨论。

粮油股股长杨润林，工作能力不错；副股长张昌清，是新提上来的，人品端正，值得信赖。

会上刘晓峰大胆提出：神木完成本县的任务远远不够，今年（1984年）要超额完成任务。对此，大家都认为有问题，提出货源、加工设备等都不够。刘晓峰谈了他的想法：明天就派专人去伊克昭盟[①]粮油议价公司，签订粮油合同。

意见统一后，刘晓峰带领杨润林和刘玉平连夜出发，第二天上午就和伊克昭盟粮油议价公司顺利签订合约，并留下杨小平具体落实。

第三天，局务扩大会如期召开，会上刘晓峰和大家逐条落实任务，讨论行之有效的措施。

外贸局的绿豆生意，前后用了70天时间，完成了800万斤绿豆的出口任务，获得纯利润18.7万元，为神木县外贸淘到了第一桶金。绿豆加工后就地请榆林地区出口商品检验局进行检验后合格，再由伊克昭盟粮油议价公司负责转运包头，联系火车发往天津出口。这样，整个流程科学合理，省时、省钱、效率高。当时，在陕西外贸系统跨省做生意这是第一宗。

大宗的绿豆生意并未影响外贸局的其他业务，当年，地毯、柳编等工艺品出口指标全部完成。神木北部的大柳塔、中鸡、瑶镇等公社

---

① 2001年4月30日，伊克昭盟经国务院批准正式改名为鄂尔多斯市。

生长着大面积的沙柳、红柳，农民用这些原材料编织筛子、筐子和其他工艺品，县外贸公司收购进行出口，是当地农民一项重要的收入。

这一年因为出口需求旺盛，神木本地柳条缺口较大。中秋节的前一天，刘晓峰带领家在农村的张昌清等几个职工，去内蒙古、山西邻近旗县采购原料。为了不影响家在城里的司机过团圆节，他借了县人大机关的司机和小车农历八月十四从神木出发。先到府谷，再到山西的河曲、偏关，并打算一路北上呼和浩特。这次外出采购，外贸公司一次性解决了当年原料不足的问题。

1984年外贸局全年总利润37万元，超过了县政府下达的6万元利润的任务。局面打开后，接下来的工作顺理成章。1984年年底，刘晓峰派业务人员提早在内蒙古准格尔等旗县踩点，联系绿豆收购业务，为来年出口绿豆做好准备工作。

1985年春节后，由副局长焦占明和土产股副股长张昌清带队，率领20多人乘坐一辆大巴浩浩荡荡开赴东胜（今鄂尔多斯），再次同伊克昭盟展开合作。

合同签订后，为了节省开支，随行的人员一起上手开动机器进行大小分离，筛选绿豆。产品经检验合格后转运包头，发货到天津口岸出口。

随后，另一队人马在河南西部采购了绿豆五六车皮，约五六十万斤，先经过火车运到山西五寨，再用汽车转运回神木。神木外贸局1985年全年完成绿豆出口98万斤，第三年完成136万斤。

外贸局效益好了，一下子成了神木县最吃香的单位。职工的热情前所未有地高涨。员工们下班后再加班两小时，礼拜日照常上班，都成了常态。职工除了工资、奖金，还可以领到不少加班补助。

为解决收购来的绿豆未达出口标准，库存积压问题，1985年下半年，神木县外贸局经过调研，并经局务会议研究，决定开办一定规模的粉丝厂。粉丝厂实行企业管理，与外贸局其他下属公司平行，为股级建制，经半年建设后于1986年年初正式投产。

粉丝厂的建设，消化了部分未能出口的绿豆，也安排了大多数家在农村的职工家属，吸收了部分社会青年就业。同时，向市场投放了适销对路的产品，获得了较好的经济效益和社会效益。

三

顺势而为　经营羊绒毛生意

1984年下半年，畜产品销售出现新的商机，羊绒毛成了众多以羊绒毛为原料的生产厂家的抢手货。

显然，这是个赚钱的好机会。但是，羊绒毛不在外贸公司的经营范围内，从地区到县上，国家都设有专门的经营机构——畜产公司，是羊绒毛的主营单位。

刘晓峰在动员会上告诉大家：我们要有超前意识，敢为人先，抓住机遇，把政策理解透彻、运用到位。现在的问题是我们没有经营资格。他的想法是：争取政策，争取把羊绒毛列入经营范围，和主营单位同时展开竞争。国家的政策是改革、开放、搞活，改革开放是措施，搞活是目的。搞活就是搞好，搞好就是要有效益，只要外贸公司给财政上缴可观的利润，做出贡献，县上领导就会同意，就会允许我们经营羊绒毛。这样才能赚到大钱贡献财政，不过这也存在一定的风险。刘晓峰问："大家敢不敢冒这个险？我敢！"

会场上谁也不说话，几个副职你看我，我看你。

不过，通过出口绿豆，大家信任刘局长，觉得他不仅有胆略，也有智慧，有办法，一定能成功。所以，刘局长说出来后，大家也都没意见，愿意跟着干。

违反政策的事情不能做，要想经营羊绒毛，就必须协调有关部门，把羊绒毛列入外贸公司的经营范围。主意打定，刘晓峰逐一推进，从县委、县政府，再到地区外经委，一个一个部门跑。最后，立下军令状——每年上缴县财政50万元纯利润。

《榆林市历史统计资料汇编（1949—2008）》（榆林市统计局编）显示，1983年神木县地方预算内财政收入仅为256万元，而地方预算内财政支出却高达到924万元。收支不平衡、入不敷出的现象相当严重，大量的支出靠国家财政补贴。50万元，外贸局一个单位的财政贡献就能占到神木全年地方预算内财政收入的近20%。县委书记、县长、分管县长、财政局长终于动了心，最后一致同意外贸局的请求，1985年开始将羊绒毛列入县外贸公司的经营范围。

"英雄所见略同。"羊绒毛成为热门商品后，神木相关单位的畜产公司、供销社等发挥人多门路广、技术和资金实力雄厚等优势，纷纷展开羊绒毛购销活动。有些单位如商业局、乡企局、多种经营办公室等过去从未开展土畜产品经营的企业也不甘寂寞，先后加入羊绒毛购销行列。一时间"群雄并起，狼烟滚滚"。

面对激烈的竞争，外贸公司只能负重前行，背水一战。50万元的利润任务告诉他们：此战只许成功，不许失败。

刘晓峰立刻在中鸡、大保当、尔林兔和瑶镇设立 4 个外贸收购站，任命8名正副站长，利用这 4 个股组级机构，派人24小时昼夜收购内蒙古周边地区的羊绒毛。

除此之外，他又派出粉丝厂的女工在大柳塔的石圪台、中鸡的中定壕、尔林兔的石板太等地设立季节性收购站。

其间，刘晓峰负责在外联系销售，其他副职在神木县城负责羊绒毛收购。首批收购9吨羊绒毛发往兰州，一共装了十几车。1985年外贸局除了上缴财政50万元外，还有不少盈余，利润相当可观。

1986年，全年销售了20车，每车9吨，所有羊绒毛全部出售，并且货款一次性结清。

三年迈了三大步，县政府三年奖励刘晓峰本人三级工资。局里的职工每人年底领奖金四五十元（超过当年一个月的工资），出差的人则领补助，多劳多得；加上加班补助，员工杨文英表现突出，年收入2万元，甚至超过了县长的工资水平。

在国家由计划经济转向市场经济的初始阶段，神木县外贸公司发挥政企合一的制度优势，充分调动广大职工的积极性，因势利导，顺势而为，大胆开展跨境贸易合作，取得了有目共睹的成绩。

四

凝聚人心　共创辉煌

刘晓峰为什么能在神木县外贸局迅速打开局面，并取得如此骄人的成绩呢？除了正确的决策外，依靠群众，调动职工的积极性，充分发挥他们在工作中的主观能动性是重要的原因。人心齐，泰山移。他深信，只要大家心往一起想，劲往一起使，就什么困难都能克服，什么奇迹都能创造出来。

刘晓峰在神木县外贸局工作期间，一方面提高职工工资，优化奖金分配，在住房分配上也尽量公平公正，为全面推动工作起了积极作用。

首先是选贤任能，知人善任。1984年正值机构改革，刘晓峰参照地区机构设置，为了扩大业务，将县外贸公司所属粮油土畜产公司一分为二，在原有的基础上设置为政秘、财务、工艺品、粮油和土产品5个股室，精简了机构效能。对于下属各公司，他也是在年初核定利润任务，年终根据任务完成情况实行奖罚。

刘晓峰对有一定工作能力的同志大胆提拔使用。分配工作时他知人善任，将不同性格特点、不同业务专长的人放在各个适合他们的工作岗位，各得其所，人尽其才。

1984年，刘晓峰到任不久即将原保管张昌清提任粮油土产股的副股长兼保管，粮油土产股股长调任新设立的业务信息股之后，张昌清又继任粮油土产股股长。张昌清为人诚实守信，廉洁奉公。担任保管，尽管零收总出，年底不但没出现损耗还有剩余。因此受到局里的表彰，获奖40元。

1984年，刘晓峰刚到任外贸局时，公司仅有日本日野、国产跃进两辆汽车，一年后就增加到大车、小车八九辆。包括新购进的苏联吉尔、东风带挂和地区外贸公司淘汰的旧车等。

刘晓峰在干部使用上任人唯贤，"内不避亲，外不避仇"。他和见面会上带头发难的贾宏义后来成了好朋友，贾宏义被重用担任了分公司的经理。原业务股长杨润林工作能力强，被重用担任车队队长。老革命贾怀光的小儿子，人年轻，一开始调皮捣蛋不好好工作，经过锻炼进步很快。收购羊绒毛时，刘晓峰任命他为一个站的站长，工作做得卓有成效。

其次是分配住房，为职工解难纾困。神木县外贸局是神木较早修建家属院的一个县直单位。1984年年初，刘晓峰到任时单位家属院已经在刘光汉局长任上修好，只等分配。

分配住房是关乎职工切身利益的大事。刘晓峰想，只要做到公开、公正、公平合理，大家就一定会满意，就能调动每个人的工作积极性。

当时的分配政策规定只有城镇户口才能享受分房政策。副局长焦占明和业务股长张昌清的家属都是农村户口，不在分房范围之内。但这两位同志工作兢兢业业，成绩显著，子女又多，工资收入又十分有限，常年租赁住房，负担不轻，压力不小。

为了帮助他们解决问题，刘晓峰采用变通的办法。将原有的一孔半窑洞分给焦占明副局长作为家庭居住使用，局里负责修缮设施，面貌焕然一新。张昌清分到一孔弃用的水房窑洞，面积20多平方米。局里同样将其改造成住房，重新打了火炕，做了灶台。当时，张昌清的妻子及三个娃娃都跟随他居住在神木县城，大儿子已经在神木上了初中，家庭住房十分困难，成为迫切需要解决的大问题。为了生活方便，刘晓峰把原来单位南楼上司机占用的半间租赁房，提供给张昌清大儿子晚上学习和住宿使用。

这次住房分配满足了职工的基本住房需求，彻底解决了他们的后顾之忧，极大地调动了所有职工的工作积极性和热情，为全局开拓创新、各项工作跨上一个新的台阶创造了良好的条件。

五

七品芝麻官

刘晓峰在神木县外贸局工作整整三年。三年时间，内贸、外贸经营数十宗，都很成功，特别是在绿豆、羊绒毛等产品经营方面取得了显著效益，打开了神木县外贸工作的新局面，为县财政做出了较大的贡献。1986年11月，刘晓峰被提拔为榆林地区畜产公司副经理，配合经理孙翼工作，主抓业务。

刘晓峰到榆林地区畜产公司上任后，经理孙翼因身体等原因，实际具体工作由刘晓峰主持。

改革开放前，榆林地区地直企业的三个盈利大户分别是：地区运输公司，位于榆林城南门口；榆林毛纺织厂，在榆林城中央贾盘石下巷；地区畜产公司，位于榆林城北门。

位于榆林北门城墙根下的榆林地区畜产公司门口（2022年）

20世纪80年代末90年代初，我国进入从计划经济到市场经济的转折时期，榆林的国营企业和全国一样，管理体制陈旧，经营方式滞后，人们在思想认识、经营理念等方面还一时转不过弯来，难以适应形势的发展，全区外贸系统经营状况和效益十分低迷，一时陷入困境。不少企业人浮于事，亏损严重。

面对困局，刘晓峰反复学习中央和省、地有关文件，深入调查研究，结合畜产公司的实际和他在神木外贸局工作的经历，认真思考，他决定首先革除陈旧的管理体制和人事制度弊端，再在此基础上，在经营方式上进行全面深入的改革。

为了便于管理，适应市场经济的需求，他将原科室一律改为"部"，划成若干生产单位，限制行政干预。然后制定每个生产单位的岗位职责，年初下达生产任务和各项指标。任务落实到人，明确奖罚措施，做到"责、权、利"统一，为全面开展工作提供了组织上的保证。同时，他把有文化、有发展前途的年轻干部、职工调整到业务岗位上，压担子、扛责任，充分发挥他们的主观能动性，使其在实践中得到锻炼。

在这段时间，他培养了一批业务精、有魄力的年轻干部，后来输送到全区外经系统的各个岗位，当时地区畜产公司被称为外经系统的"黄埔军校"，这是后话。

在经营方式上，刘晓峰全面放开，以效益为中心，多方寻找经营路子，扩大业务，减亏增效。

六

再做羊绒毛生意

1986年，榆林地区全区羊存栏约300万只。显然，倒贩羊绒毛仅靠本地出产远远不够，得和神木外贸局的经销办法一样，要从外地、外省区购进，再加工或直接出口，赚取利润。和神木外贸局不同的是，这次刘晓峰不仅负责联系销路，还要联系购进，工作担子更重，面对的情况更为复杂多变。

怎样寻找突破口，打开工作的局面呢？当时，东胜羊毛衫属于出口产品，外贸生意旺盛，国内销售产品供不应求，羊绒毛需求量相当大，刘晓峰利用他在内蒙古原有的人脉关系，首先在伊克昭盟（今鄂尔多斯市）取得突破，签订了羊绒毛供货关系。随后，他又带上业务人员，奔赴天津、兰州、西宁、东胜、西安、焦作、昆明等地，迅速与这些地方外贸单位、企业恢复和建立了业务联系。

他从昆山（上海）第二毛纺厂、焦作第一毛纺厂、青海第三毛纺厂及徐州第四毛纺厂几家国营企业，总共调进1000吨羊绒毛。羊毛每斤3元，羊绒毛去毛、去杂质粗加工后成了"无毛绒"，打捆卖给天津出口公司，每斤可以卖到十几元。

1987年计划经济体制下各县畜产公司、供销社上缴羊绒毛，当时全区年产仅有100吨羊绒毛。1988年转为市场经济，自由买卖，可以在省内外任何地方买或者卖。在刘晓峰的引领下，各路经营畜产品的巨商纷纷来到榆林地区畜产公司洽谈业务，经营羊绒毛，开展各种业务活动。榆林一时成了西北、华北数省区羊绒毛的集散地。

在外销的过程中，地区畜产公司从科长到经理、技术员都亲力亲为，把公家的事当成自己的事去办。遇到难关则由刘晓峰经理亲自出马。

当年，榆林行署规定，榆林地区畜产公司购进的羊绒毛中，优质的首先保证供应榆林毛纺厂、榆林第二毛纺厂（1987年10月17日一期工程竣工开机试产）、榆林地毯厂，以及榆林羊绒分梳厂（1986年7月1日建成投产，中日合作）等几个本区以羊绒毛为原料的生产企业，其余才能外销。

榆林毛纺厂因为给地区畜产公司还不上购买羊绒毛的款，只能以货（毛毯）抵债，后期货不抵债，遂将榆林城红山望湖东路厂里占地约10亩的库房抵债（后报行署决定，改为地区经贸委所属秦榆公司办公场所）。

1987年每斤羊绒约30元，羊毛每斤约2.5元。1987年榆林地区畜产公司的营业额由原来的20多万元一跃超过500万元。

刘晓峰再创辉煌的消息不胫而走。内蒙古自治区伊克昭盟派一位副盟长带领由外经、商业系统有关部门负责人组成的代表团专程来榆林，向榆林地区畜产公司学习取经。榆林地区行署李焕政专员指定赵兴国专程接待。这次考察活动结束后，伊克昭盟动静很大，成立了蒙、陕、晋、青、宁、津（天津）区域羊绒毛经营协会，协会主任由伊克邵盟一位副盟长担任，刘晓峰被聘为第一副主任，协会成员有伊克邵盟羊毛衫厂厂长、榆林羊绒分梳厂厂长以及上述各省区市有关部门、企事业单位的代表。中国土畜产品进出口总公司也派员参加了该协会。

在竞争中求生存、求发展

　　榆林行署当年经济困难，在地区畜产公司的带动下，抓住机遇，重视畜产品类的购进，刺激了经济总量的增长。榆林各行各业轰轰烈烈展开了"羊绒毛大会战"。凡提出申请成立公司的企事业单位，经营羊绒毛的一路绿灯，几乎有求必应。先后有地区外贸公司（本来以粮油经营为主业）、供销社、商业局、食品公司、进出口公司、皮毛总厂等数十家企事业单位参与其中。后来甚至连地区外事办、榆林军分区、榆林行署办公室等党政军机关也加入进来。榆林军分区办起了"八一宾馆"，一边招待旅客的吃喝拉撒，一边倒贩羊绒毛。榆林行署办公室成立了"机关事务处"，经营多种业务，兼搞羊绒毛生意。

　　畜产品类的经销一直是榆林地区外贸产品收购的主打项目，其购进总值从1975年的10万元逐年增加到1985年的500万元，占到地区全部外贸产品收购总值2229万元的22.4%，仅次于工艺品及轻工业类、粮食食品类。当时榆林地区其他主要产品收购总值及所占比例分别是：粮食食品类615万元，占27.6%；土产品类303万元，占13.6%；纺织品类48万元，占2.2%；工艺品及轻工业类639万元，占28.7%；煤炭类124万元，占5.5%。

　　1988年，为了进一步扩大经营业务，刘晓峰将地区畜产公司原有的地区皮毛厂扩展为皮毛总厂，业务分为加工裘皮制品，肠衣、猪鬃加工等若干车间。为了解决地区畜产公司家属和部分社会青年的就业问题，又从皮毛总厂分出部分资产和技术人员成立了第二皮毛厂，解

当年榆林地区畜产公司的二层办公楼（左）和公司车间（右）

决了职工的后顾之忧；第二皮毛厂职工总数一度达到200多人，取得了较好的经济效益和社会效益。

陕西省畜产品经营的重头在陕北，其中榆林又占大头。羊绒毛被称为"软黄金"，全省的羊绒毛主要靠榆林，榆林占全省羊绒毛出口的70%以上。在轰轰烈烈的羊绒毛大战中，陕西省畜产公司除了进一步加强行政干预外，也跻身大战，一显身手。他们将榆林供应省上的绒毛就地委托榆林羊绒分梳厂加工后，转手外销出口，利润则全部回归省上。为了防止资源外流，陕西省畜产公司甚至直接从陕西省武警总队调来大批武警，在榆林各个路口设卡，昼夜值守。为确保省内原料供应，陕西省畜产公司总经理也亲自坐镇榆林，现场督办，争夺资源。

羊绒毛的经营同时推动了地方经济的发展，榆林全区财政和企业得到了相应的好处。1987年，榆林地区全区畜产品类收购总值上升到847万元，占到全区外贸产品收购总值4108万元的20.6%；地方财政预算内收入6399万元，比上年5236万元增长18%。其中地区畜产公司做出了一定的贡献。

　　榆林地区畜产公司经营羊绒毛名噪一时，鼎盛时年营业额超过1亿元，利润60%上缴财政，10%发职工工资，5%为职工福利。企业经济效益的大幅度提高，给职工带来好处，他们的工资、奖金、福利待遇相应得到提高，在地直国有企业中名列前茅。

　　1989年4月，刘晓峰调任榆林地区经贸委副主任兼榆林驻西安办事处主任。

第五部

古都新篇

赴任西安办事处

榆林地区驻西安办事处成立于20世纪70年代，当时是榆林地区计委设在省城的办事机构。计划经济时代，榆林地区及各县均在西安派出人员，负责本区域商品及物资的采购工作。西安办事处的职能就是为这些采购员办理相关手续，提供就地服务。其地址最早在西安市柳巷。随着业务的扩大，迁址到含光门附近的甜水井，西安办事处的管理权限则上划至榆林地区行政公署。

1984年，陕北的榆林和延安两个地区联合在西安市长乐西路南侧征用了新城区和平公社五一大队（今北城五队）的13亩土地。榆林占地6.3亩，靠东；延安占地6.7亩，靠西，两家各修建了一个大院，作为在西安办事处新的办公场所。

1988年，榆林行署将西安办事处交由地区经贸委管理。1993年，榆林行署再次收回了管理权，由行署办公室直管。刘晓峰任西安办事处主任的1989年，西安办事处仍然属地区经贸委管理，因此他是地区经贸委副主任兼西安办事处主任。

1989年，西安办事处除了机关外，下属机构有榆兰酒店、西安长城汽车检测维修公司、招待所、供热站、秦榆公司西安分公司等企事业单位。

榆兰酒店，属中外合资企业，是西安办事处同香港瑞兰公司总裁赵肖山共同建设，港方投资60万美元，内地方提供土地。内地方出任董事长、副总经理，港方出任总经理、副董事长，首届董事会由7人组成，时任西安办事处主任付俊成任常务副总经理。酒店于1986年建成，同年9月18日试营业。榆兰酒店位于西安办事处（长乐西路46号）院内，楼高6层，加装电梯，有客房170间，集住宿、餐饮、购物、旅游、娱乐于一身，功能齐全，设备一流。酒店很多方面在西安占了第一，如中外合作酒店、安装程控电话、加装电梯、引进日式酒吧（卡拉OK）等，都是西安市最早的，引领了古都西安的新潮流。

榆兰酒店是当时西安市较为豪华的涉外酒店之一，与西安宾馆、丈八宾馆、金花饭店等五星级酒店比肩。榆兰酒店由于效益好，港方一度要求自己经营，结果因为人脉和管理跟不上，导致效益下降，接手一年后又交回内地方经营。

西安长城汽车检测维修公司，1986年创办，早期由人工检测，后引进机器检测设备，西安市公安局车管所将长城汽车检测维修公司列为西安市车管所的第三检测站。

西安办事处招待所，县级事业编制，位于长乐路一侧，地理位置优越，楼高五层，有普通客房120间，建筑面积3000平方米。榆林地区各县采购员常年在三层包房10多间，四层、五层主要接待社会零散客人。

西安办事处旁的榆（林）铜（川）供热站，是西安办事处与铜川驻西安办事处（近邻）、西安市新城区农副局所属印刷厂（集体企业，用其土地）共同建设的合作企业，榆林、铜川各出资20万元，解决几家单位24小时热水供应和冬季取暖等问题。

二

安居工程

刘晓峰在西安办事处上任时，单位仅有榆兰酒店南面一座三层楼、12套家属房。1989年年底，西安办事处干部职工从前几年的30人增加到60多人，其中符合享受住房条件的约有40人。同时，随着户籍制度改革的不断深入，大批干部职工家属、子女农转非，进入城市随亲居住或上学，职工的住房以及家属就业成了迫切需要解决的首要问题，这也是当时西安办事处面临的最大民生问题。

1986年，长城汽车检测维修公司成立后，以租赁的形式占用西安市新城区北城五队约10亩土地，地址在韩森路东段。后来，时任西安办事处主任付俊成打算购买这块土地给职工修建家属院，终未达成协议。

1990年开春，刘晓峰接续了前任主任修建家属院的工作，委派长城汽车检测维修公司总经理张展望具体负责协商，要求想方设法做好对方的工作，拿下这块地皮，尽快把家属院的事情办成。

经过耐心细致、反反复复的商谈，最后以合理价格达成协议成交。地皮具体位置位于万寿路和韩森路十字口的东南角。东至幸福路，西至韩森寨九队地界，向南也是至韩森寨九队地界，北至韩森路。家属院修建于1990年，当年设计，当年开工建设，年底封顶。建成两栋三层高的小楼，共36套房，总投资36万元。此后又在原楼顶上加盖二层，增加了24套房，总投资24万元。前后共建成家属房60套，总投资60万元，满足了西安办事处干部职工的住房需求。而此次修房仅仅占了征用土地的一小半，另一大半继续由长城汽车检测维修公司使用。

三

兴办企业　拓展业务

榆林地区经贸委旗下的西安办事处，实质是以企业为载体从事商业和对内、对外贸易的经济实体。要发展就要拓展业务，就要兴办企业。

刘晓峰到任后加强了西安办事处对外交往和交流工作，先后与陕西省交通设计院合作创办交榆公司，与西安铁路局合作创办铁榆公司，与河南省灵宝县合作创办黄金公司，引进了山东省政府驻西安办事处资金在韩森寨修建宾馆（四层）。设立安林公司，开展红枣销售业务。

交榆公司和铁榆公司两块牌子一套人马。合作方式是对方出资，西安办事处出人、负责办理手续和经营管理等。

1992年年初，榆林人民盼望已久的子长至神木铁路开工建设。这一年的3月24日至25日，中共榆林地委、地区行署召开专题会议，部署铁路建设工作。地委书记李凤扬指出，神木至子长地方铁路建设是我区人民盼望已久的大喜事。要按照"人民铁路人民建，动员人民做贡献"的指导思想，把国家建设同人民群众集资投劳的积极性结合起来，发扬艰苦奋斗的延安精神，大打一场修筑地方铁路的"人民战争"。截至4月22日，为修建榆神段铁路，全区捐款达70万元。同年5月1日，中共陕西省委、省政府同时在神木县窟野河西侧的神木站和榆林东沙隆重举行神榆铁路开工典礼。

面对这样振奋人心的形势，西安办事处也不甘落后，一心想贡献"西办力量"。1992年秋冬至1993年春夏，铁榆公司为修建铁路在石拉沟货站派出两台挖掘机，五辆解放牌汽车挖掘和运输土石方，为修建铁路争做贡献。铁榆公司无办公场所，就临时无偿借用了刘晓峰在神木县城冷库路的家，派人到一线指挥。

西安办事处工作期间，刘晓峰与台商、灵广制药厂董事长张耀勋合影

　　90年代，交榆公司的交方曾投资200万元在神木买地42亩，每亩地价3万元，准备开发房地产，为地方经济建设添砖加瓦。后因资金周转于2000年又以每亩10.5万元处理了部分地产，为企业积累了资金。

　　1989年12月18日，中共榆林地委发出《关于贯彻十三届五中全会精神，搞好治理整顿，深化改革的实施意见》。为了更好地贯彻地委文件精神，在对外积极发展合作伙伴，招商引资的同时，西安办事处对内进一步深化企业改革，先行先试，拓宽路子，寻找商机。

秦榆公司创建于1984年。成立初期，公司办公地址设在榆林军分区招待所，之后以50万元的地价购买了原榆林县武装部的土地（地址在榆林红山），面积约10亩，作为新的办公地址，秦榆公司在西安办事处设有分公司。

刘晓峰到任后的1991年，将秦榆公司总部（驻地榆林）改为秦榆对外贸易总公司，秦榆公司西安分公司改称西安秦榆公司。随后，调来原地区畜产公司财务科科长李嗣高担任公司经理（李嗣高后升任西安办事处副主任）。为增加公司利润，刘晓峰又从榆林毛纺厂调来10万条毛毯对外销售。交易的方式是易货贸易。

榆林毛纺厂生产的纯羊毛毛毯，是榆林地区的传统工艺品，产品色泽亮丽，组织精细，质量上乘，深受消费者青睐，多次获陕西省及轻工部大奖，驰名海内外。20世纪80年代，榆林毛毯是榆林年轻人结婚的必备用品，产品只能凭票和按计划供应，属于十分紧俏的商品。市面上见不到，一般人很难买到。因此，榆林毛纺厂也成了榆林地区的盈利大户。在榆林煤炭资源尚未开发的特定历史时期，榆林毛纺厂是榆林地区的重点企业，榆林工业的长子和宠儿。

从20世纪80年代末开始，榆林毛毯市场销售受到强烈冲击，所占市场份额急转直下，产品出现滞销状况，榆林毛纺厂风光不再。

西安秦榆公司收回榆林毛纺厂的毛毯交青海省第三毛纺厂，青海第三毛纺厂的毛条交给榆林毛纺厂，毛纺厂以此为原料生产榆林毛毯。同时西安秦榆公司还为榆林毛纺厂代销成品毛毯，为青海省第三毛纺厂代销毛料、毛纺织品等。

接受任务后，西安秦榆公司派出员工，在国内外推销毛毯。先后到过新加坡、马来西亚、泰国和国内的陕西省各个地市及周边省区。最后代销榆林毛纺厂的毛毯5万条，为青海省第三毛纺厂推销了大批毛纺织品，西安秦榆公司前后共获得纯利润50多万元。

采购站是西安办事处的前身。因此，为采购员搞好服务是西安办事处的一项传统业务、本职工作。成立以来，西安办事处就针对采购员设有专门账户，各县商业、购销采购员常年住在西安办事处成立的招待所。各县和地区有关单位的采购资金则由西安办事处转到各生产厂家和批发企业。

1989年以后，因业务需要相继新开了榆林毛纺厂和榆林制革厂等几家企业的专门账户，为地区各大型企业增加营业网点，增加客运、货运物流搭建平台。

随着市场的放开，运输物资不再由独家经营。为了适应形势的发展，西安办事处和个人联合在院内西楼办起了货运站，每天将采购物资发运到榆林地区，将毛纺厂、制革厂等各大企业的货物运出。

农电物资公司注册后，主要从事开关、变压器等配件销售，广大用户在农网改造时所需的大量农电物资可以在西安办事处的窗口买到，不需要跑到省农电公司，大大方便了群众。

此外，西安办事处协调榆林地区汽车运输公司，新开了榆林至西安的往返客运专线，始发客车就停在西安办事处院内（数年后才搬到西安城东客运站）。运输公司还在招待所设立卖票窗口，极大地方便了榆林来西安办事的干部和群众。

这一时期的西安办事处红火热闹，院里院外、街面上、大门口人声鼎沸，出出进进的人川流不息。人流中有榆林来西安出差的机关干部，也有肩上扛着麻袋的农民、做生意的大小老板，还有来西京医院（西京医院就在西安办事处对面）看病的病人，以及上学的、访亲探友的人等等。

西安办事处服务功能齐全，吃住行方便，大家也都熟悉，干部们住在这里便于联系工作。去西安住在西安办事处不仅方便，还安全。大家都这样说：西安办事处成了榆林人在西安的家。

1992年上半年，刘晓峰主持在西安办事处的西南角新修了一处南小楼，新增客房76套，提升了西安办事处的接待能力。

四

对外争取项目和资金

20世纪90年代初，苏联解体。解体后的独联体，由于轻工产品严重短缺，民众对我国产品的需求大幅增长，国内外大批商人转向边境贸易。1992年年初，哈萨克斯坦边境贸易商王先生（中国籍）来到西安，下榻榆兰酒店。

刘晓峰经商重视信息，要求对下榻榆兰酒店的客人不但要接待好、服务好，还要主动介绍榆林、宣传榆林，提升榆林的形象，推介榆林招商引资的项目，千方百计为榆林的经济建设和社会各项事业建设寻找更多商机。

在王先生入驻酒店期间，刘晓峰多次与王先生进行商务洽谈。王先生邀请西安办事处赴哈萨克斯坦考察。1992年春夏之际，西安办事处组成贸易考察团，由刘晓峰带队。境外考察10多天，其间双方举行了座谈会，哈萨克斯坦贸易部副部长亲自参加了会议，并签订了贸易备忘录。此次考察活动获得大量信息，畅通了联系渠道，取得了预期效果。

原榆林行署副专员、林业部三北防护林建设局局长李建树和刘晓峰熟悉。李建树在榆林任职期间分管计划、经贸等工作，刘晓峰当时是经贸委副主任，两人因工作关系接触颇多，相互了解。李局长认为刘晓峰有才华，工作上能想大事，并能干成大事。

刘晓峰担任西安办事处主任后，在企业经营过程中资金遇到困难，他想到了老领导李建树。电话联系后，刘晓峰派张展望先期去了银川市（三北局机关驻地）当面汇报了具体工作，请求给予支持。恰好，此时财政部拨给了三北防护林建设局一亿元的贴息贷款。后经考察驻西安办事处有关项目后，经三北局局务会议研究，同意以多种经营项目支持西安办事处贴息贷款150万元。

五

"砸三铁"

1992年年初，以国营企业改革为发端，掀起一股"打破三铁"的企业劳动、工资和人事制度的改革热潮。所谓"三铁"，即铁饭碗、铁工资、铁交椅，是对我国传统体制下的国有企业劳动、工资和人事制度特点的形象概括。

劳动用工制度的计划化和固定化，形成了"铁饭碗"；工资分配制度的统一化和刚性化，形成了"铁工资"；企业人事制度的资历化和终身化，形成了"铁交椅"。"三铁"的弊端在于不能调动企业全体人员的积极性，不能使企业充满生机活力。

1992年2月21日，榆林地区经济工作会议召开，行署专员刘壮民在会上做了题为《加大改革力度，转换经营机制，推动全区经济发展》的报告。与会同志就"砸三铁、变机制、调结构、增效益，开创全区经济工作新局面"进行了认真讨论。3月10日，地委、行署再次召开动员大会。地委书记李凤扬在大会上强调，要提高认识，边破边立，各方协同，确保"砸三铁"工作的顺利进行。

刘晓峰参加两次会议后，回到西安认真传达了会议精神，并就西安办事处的"砸三铁"工作的具体方法、步骤和实施方案进行了为期三天的讨论。大家畅所欲言，对上级的精神、各自单位的现状、存在的问题和实施办法等发表了建设性的意见。大家一致认为，机制转型的实质是三项制度的改革，改革的内容是："员工能进能出，效益要与公平结合，干部能上能下。"

西安办事处所属企事业单位有八九个。规模以上的企事业单位主要有：

办事处招待所，县级事业单位，企业管理，干部职工进出由劳动人事部门调配，执行的是事业单位工资；长城汽车检测维修公司，县级国有企业，法人代表和职工进出也由劳动部门掌握，执行的是国有企业工资；榆兰酒店，中外合资企业，县处级，主要负责人历来由地委任命的干部担任，工资参照国有企业执行。

其他有西安秦榆公司、铜榆供热站等，这些公司人数少，业务量小，负责人由西安办事处干部兼任，用工均为临时聘用人员，采用计时工资的形式。交榆、铁榆公司我方人员也由西安办事处干部兼职。这些单位的用工、工资和干部人事制度各不相同，情况较为复杂。

鉴于这种情况，行署同意西安办事处所属企业的"砸三铁"可以先在榆兰酒店和招待所两个企业中进行。长城汽车检测维修公司属于政策性的综合服务单位，检测维修指标由有关单位下达，业务发展受政策性因素限制，承包指标不好核定，因此未参与第一轮承包经营。

在讨论承包方案时刘晓峰认为：人的因素应该是第一位的，企业的经营模式和创新是决定企业的生命和发展的根本问题。人是最活跃的生产力，任何束缚人的积极性和创造性的制度都是没有生命力的，最终必然导致失败。所以，西安办事处所属企业改革和用工管理更应该讲究科学化、人性化和利益平衡。平等协商的用工模式，才能最大限度地调动企业和职工的积极性、创造性，使企业和职工得到双赢。

经过各部门充分的酝酿讨论，经办事处主任办公会议研究，最后形成了改革方案，上报有关部门批准后具体实施。

改革的原则是原有人员不动，待遇不减，保证高效正常运转；改革的办法是招标承包，竞争上岗。

第一轮承包期限：1992年5月1日—1995年4月30日。

1994年年底，在全区三项制度改革（"砸三铁"）面上的工作基本完成后，西安办事处于1995年年初全面安排部署了新一轮的"砸三铁"工作。改革的原则和办法不变，仍然是原有人员不动，待遇不减，保证高效正常运转；招标承包，竞争上岗。

第二轮参与承包的企业在原来榆兰酒店、招待所两个企业的基础上，增加长城汽车检测维修公司，共三家。

第二轮承包期限：1995年5月1日—1998年4月30日。

本轮改革，位于办事处门口的招待所继续按照责任制承包，与第一轮承包办法一致；新修的南楼进一步深化改革，采用职工集资、股份制的承包经营方式。每股7000元，共105股，职工集资73.5万元。每年上缴西安办事处27万元。结果当年的总收入就有300万元。

榆兰酒店承包人第一轮为秦水京、第二轮为张展望（甲方代表姬来荣），采取的是风险承包、自负盈亏的办法。

长城汽车检测维修公司承包人杨树成。承包办法与榆兰酒店相同。

西安办事处的改革取得了前所未有的成效。招待所每年利润达到三四十万元，上缴利润由承包前的10万元上升到27万元。榆兰酒店承包前每年营业额80万元，承包后仅上缴利润就70万元。总经理首次配备了当时流行的"大哥大"。按照国家规定，中、外合资企业工资可以上浮20%，但榆兰酒店仍然按国有企业工资标准执行，总经理工资为400元左右。各企业职工待遇大幅度提高，榆兰酒店副总经理一次奖金达到5000元。在业务量急剧增加的情况下，承包单位服务质量却进一步得到提升，取得了经济效益和社会效益双丰收。

刘晓峰主任"人人参与、个个有份儿"的承包原则，受到全体干部职工的衷心拥护。

六

打造"综合性、技术型"服务单位

西安是中国历史上建都时间最长，建都朝代最多，影响力最大的都城，改革开放前西安的酒店业，还停留在招待所层面，人们出行住在国营旅社或国营招待所，不仅需要介绍信，还要提前预订。

西安现代酒店业肇始于1978年，改革开放后，经济发展和旅游业的兴起推动了酒店业的发展，1980年至1982年一批中外合资饭店开始在西安出现。

位于长乐西路8号的金花大酒店于1985年开业，是西安市一家涉外酒店，以接待外宾为主，是当时西安这个古老而富有魅力的城市的一处高档、豪华的地标建筑。巍峨的酒店大楼，通体蓝色玻璃幕墙。周围花草树木郁郁葱葱，清静幽雅。酒店内有装修精美豪华、世界一流的客房和总统套房。引得路人观望驻足，好生羡慕。

榆兰酒店就是在这样的背景下于1986年应运而生的。应该说这是榆林地区改革开放的一个创举，走在了其他各地市的前头。

随着形势的发展，西安办事处的接待任务日益繁重，内容更加丰富，规格和要求也相应更高，逐步由单纯的接待功能转变为"综合性、技术型"的服务单位。

这期间，西安办事处先后承办了中外贸易洽谈会（分会场），接待中外贵宾；承办了山东省工程机械展销会；为山东省曲阜市"孔府宴"酒厂与榆林"普惠"酒厂的产品举行展销会。榆林地区驻深圳办事处还曾经在榆兰酒店设立了办事机构。

1993年，陕西省与山东省互派干部，中共榆林地委副书记施润芝挂职担任山东省济宁市副市长。在近一年的挂职学习中，施润芝就济宁市经济发展重点项目、经济技术合作、常规发展、外向型经济、改革创新、融通资金、创业公司等问题在济宁市进行了深入的调查研究，同时，在西安办事处召开多次专题座谈会。其间，西安办事处负责了后勤保障，帮助筹备会议。

西安办事处还派人带领山东省济宁市派往横山县的挂职科技副县长在陕西省政府有关部门考察学习，帮助横山县"四九"服装厂联系在西安聘请技术人员，为榆林地区文联筹办书画展览提供服务。

1994年5月，刘晓峰被任命为榆林地区行署副秘书长，兼任西安办事处主任。

自1996年中央确定江苏省对口帮扶陕西省以来，西安办事处多次承办了苏（州）榆（林）对口扶贫协作与经济合作座谈会、推进会、建立友好城市恳谈会等大小会议多次，圆满完成了地委、行署交办的任务，受到了地委、行署领导的好评。

90年代初，西安办事处对榆林籍在西安的副厅级以上离退休、在职以及外籍曾在榆林工作过的副厅级以上领导干部进行了认真统计，其中有离退休和在职的省级领导干部10多人，离退休和在职的副厅级以上领导干部110多人，西安办事处承担了地委、行署布置的与这些领导干部的联系工作，为他们提供了大量工作和生活等方面的服务。

七

两手抓 两手硬

榆兰酒店从开业以来一直是西安市新城区社会治安先进单位。1986年10月，在酒店开业不久，英国女王伊丽莎白二世携菲利普亲王对中国进行了为期一周的访问。访华期间来到西安，参观了秦始皇陵兵马俑。因为要路过西安办事处所在的长乐路，公安部和西安市公安局给西安办事处布置了相关安保任务。榆兰酒店圆满完成了此次安保任务，事后受到有关部门的表彰。

一个时期以来，西安办事处大门外出现各种摆地摊开八字算命的、治疗疑难杂症的，还有叫卖各种小吃的。一些个体商户在办事处周围游走，兜售古玩玉器和走私手表等，这些严重影响了西安办事处的环境和社会形象。

为此，付俊成和刘晓峰主任先后亲自负责，榆兰酒店总经理张展望具体负责，配合西安市公安局长乐路派出所进行了集中整治，制定了各种规章制度，使治安得到根本好转，为中外商家营造了良好的投资环境。先后两次被西安市新城区社会治安综合治理委员会评为治安工作先进集体，张展望被光荣地选为新城区人大代表。

西安办事处党总支归西安市新城区机关党委管理，1992年刘晓峰书记经申报改党总支为党委，下设办事处机关党支部、榆兰酒店党支部、长城汽车检测维修公司党支部、招待所党支部、西安秦榆公司党支部和铁榆公司等6个党支部。发展党员10多人，党员总数增加到60人，党委书记由刘晓峰担任，张展望任常务副书记。

1992年1月，中共榆林地委提出，1992年全区党风廉政建设要抓好六件事：1. 地委、行署领导要管好下属，管好子女，对求情办私事的一律不准写条子、打电话；2. 对群众反映强烈的招工、招生、农转非、征兵、分配工作要坚决实行"两公开、一监督"制度；3. 在全区开展对各级干部的"四个观念"教育；4. 从严治官，严格干部任用程序；5. 狠抓纠正行业不正之风；6. 各级党委要高度重视党风和廉政建设。

西安办事处党委组织全体党员进行了认真学习，坚持精神文明和物质文明"两手抓、两手都要硬"的指导思想，结合当时开展的企业整顿和地委、行署1992年3月5日部署的机关作风整顿工作，在各个部门开展了扎实有效的思想作风整顿，取得了明显效果。

同年5月，办事处党委召开各支部书记会议，认真学习了邓小平同志南方重要讲话，并就陕西省委常委、省纪委书记李焕政在5月8日榆林地委、行署召开的汇报会上指出的"学习贯彻邓小平同志南方重要讲话，要重在联系实际，要贵在实际行动，要做到两手抓、两手硬"指示精神，结合本单位实际进行了认真的讨论，做出了贯彻实施意见，提交各支部提出修改意见和建议，然后下发各部门执行。

1993年7月，在庆祝中国共产党成立72周年之际，办事处党委表彰奖励了先进基层党组织和优秀共产党员。张展望等同志被评为优秀共产党员。办事处组织全体党员认真学习了榆林地委新近表彰的府谷县前石畔村党支部等61个先进基层党组织和"共产党员标兵"张侯华及其他优秀共产党员、优秀党务工作者的先进事迹，在全体党员中开展了"比学赶帮"活动，激发了广大党员的工作热情，充分发挥了党员在经济建设和政治生活中的模范带头作用。

1994年，西安办事处根据《榆林地区国民经济和社会发展十年规划》提出的总目标，制定出《西安办事处1994年—1997年社会主义精神文明建设规划》，主要包括7项任务，西安办事处党委统一领导，要求各个党支部具体实施，加强领导，狠抓落实，努力使西安办事处精神文明建设再上新台阶。

第六部

退休以后

绿色梦想

1996年3月，刘晓峰离开了工作岗位，退职休养。

从1954年榆林师范毕业参加工作，他先后在小学、中学当教师和校长15年，任公社教育专干6年，担任马镇公社副主任、主任、党委书记8年。1983年改任神木县外贸局局长，1986年后任榆林地区畜产公司

治理前过于荒凉的采兔沟地貌

经理、地区经贸委副主任、行署副秘书长兼驻西安办事处主任等职。算起来，他已经整整工作了43个年头，在不同的工作岗位上均做出了自己应有的贡献。退休以后的刘晓峰，本应回家享受城市生活，颐养天年，但他却做出了一个出乎常人的决定：回神木农村，承包荒沙，治沙造林。

此前他经过了比较深入的市场调查。他认为有几个有利的因素：第一，国家第二轮农村土地承包已有明确的政策规定，土地承包期可以再延长30年；第二，神木荒沙、荒滩资源丰富，国家和地方政府鼓励个人承包荒沙植树造林，尽管当前没有太多的优惠新政策，但可以争取；第三，承包荒沙先建苗圃，计划二至三年出苗，以苗补种。同时搞养殖业，养羊、养猪和少量的大家畜，在荒地上种草，

就地解决饲料问题。种养一起上形成良性循环。第四，苗木销售主要放在蒙南的伊克昭盟和陕北的延安地区和榆林地区。以当年伊克昭盟和榆林、延安两个地区每年植树造林的任务看，须有2万亩苗子才能满足市场的需求。

他希望用多年在经济管理工作上的经验在治沙绿化上搞一番事业，他相信一定能克服任何困难取得成绩。唯一不足的是资金问题，需要想法筹集，他考虑可以采用集资入股的办法，投资、投劳均可。这是他最初的设想。

随着形势的发展，国家的政策进一步放开，允许本村集体经济以外的其他单位和个人承包，"五荒地"的承包期可达30至70年，特殊情况经上级批准还可以延长；国家也开

始对私人承包沙漠、草原、荒山建设林场，给予减免税收、低息贷款等各项优惠政策。

对于这个想法，刘晓峰曾和朋友、同事探讨过，与其说是探讨倒不如说是通报，在大多数朋友不主张、不看好的情况下刘晓峰仍一意孤行，坚持了自己的主张。

当地人都知道，治沙造林绝非易事，即便是付出艰苦的劳动，投入大量的资金也不一定能够取得成功，多少人在治沙上栽了跟头，何况已经是60岁的老人。全家没有一个人支持他的。大女儿刘璋玲说："当时我们都不同意，不支持这个事业，看到没有多大发展。一片荒沙什么东西也没有，觉得没有经济效益，投资也不会有回报。"四儿媳刘永芬说："爸爸辛苦了一辈子，毕竟也老了，应该是享受晚年的时候了。"

出于对故乡的深深眷恋和对土地的无限热爱，刘晓峰不顾家人的反对，毅然拿出了自己十几万元的积蓄，并要求家里人都拿出钱来支持。他还动员了15户农民投资入股。这样一共筹集到60多万元，他要

治理前采兔沟地面上被风沙吹死的树干

叫荒沙里生出金子来。

1996年5月，陕北神木春寒料峭，大地刚刚解冻，年届六旬的刘晓峰告别了妻儿老小，背起行囊，怀着定让荒漠变绿洲的雄心壮志，只身回到家乡神木县，以每年60万元的租金，租赁了瑶镇乡秃尾河畔6500亩荒沙的15年使用权，开始构筑自己的绿色梦想。

二

大战采兔沟

秃尾河源于神木县瑶镇西北的宫泊海子东南，流经神木瑶镇、高家堡，最后在佳县武家畔附近注入黄河，是黄河的一级支流。这里干旱少雨，风害肆虐，沙丘起伏，水土流失极为严重。地广人稀，生产和生活条件十分恶劣。

刘晓峰租赁的6500亩荒沙就在秃尾河主流的西岸，这里一片黄沙，寸草不生，是一块不毛之地，遇到沙尘暴可以卷起二三丈高的沙尘。下面是滥河滩，没有固定的河道和河床，水肆意流淌。河床上原有的2000亩水地被洪水侵蚀，变为流沙，已有34年没有耕种。他所承包的地块位于三道沟中：采兔沟、黑龙沟、海子沟。

面对一片黄沙，刘晓峰站在沙丘上极目远望，就像一位阵前的将士，暗暗立下誓言：这里就是自己余生的战场，一定要将脚下这块贫瘠的土地变成绿洲，还大地一片生机！

然而创业的艰难、治沙造林的艰辛是常人难以想象的，除了劳动强度非常高以外，异常艰苦的生活条件也是创业路上不小的障碍。

第一天，刘晓峰就用五根椽棒撑起来一个不足两米高的马鞍形帐篷，顶子上搭的是沙柳枝条和茅草，极为简陋，就像远古人居住的茅庵房子，猫着腰才能进去。一个柳笆庵子，这就是他的住宿和累了歇息的所在。多年以后，当记者问他当时睡哪时，刘晓峰笑着说：就在这里面，下面把草一铺，铺盖一放，左一个、右一个，脚蹬脚，睡了两个多月。谈不到什么卫生条件和舒服，就是遮挡一下风雨。轻松的话语充满了乐观精神，令人肃然起敬！

没有厨房，起初就在野外支起铁锅用柴火烧饭，饭食是馒头、烩菜、稀饭，或者一碗泡面充饥。

妻子杨秀林在回答记者的提问时说："有时候做好的饭顾不上吃，风刮过来上面就是一层沙子。平常条件再不好的人家也不吃那样的饭，他就吃那号饭。顾不上回家，晚上就住在那里。我来后才看到他那个情况，不来他也不跟我说，我也不会知道他住那么个地方。"

四弟刘启维有一次去看望他，给他带了一点豆腐。他一顿吃不完，吃不完怎么办呢？他就在草皮下面挖了一个很深的水坑，把豆腐装在塑料袋里放进去，这样可以保鲜二至三天。尽管生活艰苦，刘晓峰仍然充满信心，开始了他艰难的创业历程。

条件的艰苦激发了刘晓峰创业的热情。他带领工人们堰河治沙、

劳动场面（2000 年·采兔沟）

修路、造林，干得风风火火。

首先是修堤护岸，利用压柳树、埋柴捆、铺沙土的办法建了9公里的河堤，形成了一道坚固的屏障，稳定了河床，保护了6500亩沙地，并为自流引水创造了条件。

与此同时，完善基础设施，修通了连接西包公路的区间道路，盖起来13间瓦房；购置了5辆汽车，推土机和拖拉机各2台，耕牛12头，骡子8头。开展大规模的平沙造田。经过3年的苦干，硬是把一片连绵起伏的沙漠开辟成平展展的6500亩农田。然后覆土施肥，改良土壤，配套渠道，全部实现了自流灌溉。接着开办苗圃，固沙造林，使昔日的荒沙变成了绿色的田园。

三

资金的困惑

刘晓峰用于6500亩沙地造田、造林育苗、购置机械的费用，前后共投资了980万元，沉重的债务一时压得他喘不过气来。

启动筹集的60万元资金对于6500亩荒沙的治理，就连完成基建都远远不够，资金成了刘晓峰创业路上最大的问题。面对资金的巨额缺口，刘晓峰曾多次寻求贷款，但一次次碰壁。

他决心自力更生，自筹资金。

刘晓峰的大儿子刘支堂说："有一年我在神木开会的时候，爸爸来我住的宾馆房间拉了很多话。拉完话他最后说：'你装着钱不？给我几百块钱。'当时我一听，心里非常着急和难受。爸爸这个人从来没有向儿女伸手要过一分钱。我想当时他是身无分文了。"

张宇，时任榆林地区煤炭运销集团总经理，他听说刘叔在采兔沟治沙，办农牧场，就专程上工地看望了他。见到他和工人们同吃同住，不仅劳动强度大，生活条件也异常艰苦，他十分感动。两个人拉了很长时间的话，最后张宇说："刘叔，看到你的情况我深受感动，我也帮不上您的什么忙，以个人名义借给你5万元钱。你不忙还我，将来效益好了再还，实在倒不转就算我们朋友一场支援你的。"

5万元在当时确实不是一个小数，能解决很多问题，对于经费十分困难的刘晓峰可以说是雪中送炭。此举使刘晓峰深感来自朋友的温暖。

1996年，时任榆林行署副专员的贾建文，深深为刘晓峰的精神所感动，拨款支持了8万元的资金，解决了燃眉之急。

治沙的事业决不能前功尽弃，他相信自己的事业一定能够成功。于是他一次又一次地打起了家人的主意。他叫家人把钱拿出来，集资搞这项事业。儿女们虽然心里不愿意，但也都倾力拿出自己几乎所有积蓄。

刘晓峰的二弟刘启明说："我父亲去世后我们弟兄四个他最大，19岁，老四还吃奶着呢，一直是他把我们带大的。所以他在我们家里说话能一声喊到底。"

全家大小50多口人，大人的工资，小孩的压岁钱，人人倾其所有。不够，他们就找亲友借钱，你借10万、我借5万，几乎找遍了所有的亲朋好友。即使这样，资金的缺口仍然很大，无奈只能在社会上借高利贷。放贷的人都不放心，觉得借钱给他风险太大。后来，神木找不到，他到内蒙古去找人借。就这样在两三年内刘晓峰一共筹集到了1000多万元。

四

科技成就梦想

资金的困难暂时解决了，基建工程完成后，刘晓峰又带领工人们种草栽树，土地贫瘠他就先把草种上，把沙柳栽上。把土地培育上一二年后，再把沙柳刨出来，栽在荒沙里边。当时刘晓峰培育了两年的地里栽的是本地苗——本地杂交杨，种了三年的树苗最好的才长到两米左右，其他的就一米，像筷子一样粗细。这样的苗子当然市场不认可，产出的苗子一株也卖不出去。刘晓峰刚刚起步，就遭到了市场无情的打击。树苗市场空间很大，但就不认自己的，怎么办？

当时陕西和周边省区国营、集体、个体苗圃星罗棋布，市场竞争激烈，究竟育什么树苗市场广阔呢？刘晓峰首先从信息入手，为了寻求有识之士的帮助，先后七上北京、二下关中，六请教授，聘请顾问，苗圃的种苗育选，以高科技为起点，培育优良品种。

在北京，刘晓峰找到了杨树研究的权威、中国林业科学研究院的张启文、李文忠、王学琦等 7 名教授，聘请他们为公司的科学顾问。其中张启文教授向他推荐了市场看好的107、108杨树新品种，张教授又亲临神木，采集了苗圃的土样进行化验分析。在张教授的建议下刘晓峰和他的四儿子刘二虎重新在全国各地寻找种源，先在辽宁省彰武县等地选苗，后终于在北京的大兴县找到了种源。但此品种能否适应陕北大地的自然条件还是个未知数。在专家的帮助下，1998年，刘晓峰对他最看好的107、108号杨树品种进行了试验，同年6、7、8三个月三次带回苗木，在大棚和大田里进行栽培试验。经过一个冬春的生长，这些树苗长势良好，刘晓峰于是决定大面积种植。

试验成功了，事业看到了转机。刘晓峰果断投资150万元买断了北京大兴的120亩37万株107 、108杨树苗，准备引进到自己的基地，并派四儿子刘二虎专门看护。但儿子的担心仍然没有消除，刘二虎说："我去了北京大兴，我爸爸让我拿了一百几十万元，买下这个苗子让我照看。钱是家里重新凑的。他认为这些都是金条子，但我认为这些就是柴棍子。我非常担心，担心运回去成活不了，也担心长大以后卖不出去，那样就越陷越深了。"

三个月后，1999年的春季，他们用7辆大卡车把买下的种苗运回苗圃，截成插穗种下，育苗800亩，培育了300万株。经过几个月的精心培育，苗子的长势非常喜人。

2000年春天，苗木开始出圃。到了上市季节，市场反应也是出奇地好。300万株杨树苗一个星期就卖完，收入880多万元。树苗远销北京、天津、秦皇岛、郑州、西安、呼和浩特等地，受到黄河以北各个省市的青睐，成为我国北方优质杨树重要的种苗基地。

经过几年苦干，刘晓峰以拦河坝地等形式把三条河川周边延绵6000多亩的沙丘改造成了育苗水地，并全部实现自流灌溉。在6500亩水地中，共建立苗圃2000亩。刘晓峰聘请了西北农林科技大学林科院符毓秦研究员和咸阳市畜牧研究所的一位研究员作为顾问。上述几位科技顾问先后为他提供了

日本本岛桃树，以及红地球、黑地球、美国提子、户太保等优良葡萄新品种，提供了金丝柳、红叶柳、枣树、紫穗槐、沙棘、陕03杨树、陕04杨树等优良苗木种源和栽培技术。2000亩苗木成为市场抢手的名贵短缺苗木，育苗总数达到了1170万株。刘晓峰将剩余的4500亩用于造林，种植了杨树、沙柳、紫穗槐等用材林。

在治河护岸、平沙造田、开渠引水、打井配套、推广喷灌新技术方面，他请神木县水利局王外斌、李靖两位局长和水利队的技术员当

围河造起来的苗木基地

顾问，多次深入实际，现场规划，检查指导，安装设备，义务服务，使新造的1万亩水地布局合理，节水灌溉，旱涝保收。

五

无上的荣光

刘晓峰在采兔沟做出的成绩很快引起了社会各界的广泛关注和各级领导的高度重视。

有关领导看到了刘晓峰治河护岸、平沙造田的典型意义。2000年11月的一天，陕西省山川秀美办公室主任周万龙，主任助理刘买义借省领导在榆调研的机会，赶到榆林专门向省领导汇报了刘晓峰创业的先进事迹。没想到，省领导很感兴趣，爽快答应要到现场实地考察。

为了迎接省领导的到来，刘晓峰扩展了停车场，打扫庭除，清水洒院，里里外外整齐划一。准备了各种水果和上好的茶叶，竭尽所能，准备好以"最高的礼仪"接待贵客。

次日上午10时左右，省市县领导的车队缓缓驶入林场。省领导一行在榆林市委书记马铁山、市长张智林，神木县委书记、县长以及市、县两级有关部门负责人的陪同下来到采兔沟林场。

根据领导的意思，刘晓峰领着大家把造林的几道沟所在位置看了看。大家边走边看，最后回到了林场刘晓峰住的平房。

省领导坐在刘晓峰身边关切地说："老刘，你这么大的岁数，本应该颐享天年，还来到这个沟里造林，太辛苦了。"

刘晓峰淡定地说道："领导，不辛苦。我曾在这里工作过，这个地方我熟悉、有感情。退休后待不住，想干点事。咱是同龄人，您在全省跑，更辛苦。"

省领导问："这么大的事，国家有投资吗？""没投资，地方上也很困难。不过，市上、县上领导经常来，对我在精神上是个很大的支持。"

接着刘晓峰把自己的情况做了介绍。

最后，省领导说："治沙造林，造福人民，老刘你带了个好头，感谢你。我给市上和县上的负责同志都讲了，要关心你、支持你。"对随行的省级部门来的负责人说："你们也一样，不但要重视政府安排的项目，还要支持非公有的个体和合伙人植树造林，像老刘这样的绿色产业。"

2001年2月，三位记者到实地采访了刘晓峰采兔沟林场，并以《老骥伏枥治荒沙 秀美山川一面旗——刘晓峰创办绿之源有限公司纪实》《五根木橼撑起的绿之源——治沙英雄刘晓峰小记》等为题，著文刊登在《西部大开发》等报刊上，详细报道了绿之源公司的发展历程和取得的辉煌成就。随后，文章被省内外多家报刊转载。2001年刘晓峰被新华通讯社陕西分社、陕西新闻工作者协会、陕西新闻人物编审委员会联合评为新世纪陕西农林业"十大杰出新闻人物"，陕西电视台、中央电视台等各路记者接踵而来，相继采访和报道了刘晓峰和他的绿色产业，一时引起轰动。

接受中央媒体记者采访

接受中央媒体记者采访

在刘晓峰10多年治沙造林、打造秀美山川的生涯中，先后有多位老领导、老朋友和在职的党政领导亲临现场考察调研、参观指导，在物质和精神层面给了他极大的支持。

各级领导对刘晓峰同志退休以后吃苦耐劳，改变家乡生态环境创造出的骄人成绩均给予高度的评价和赞扬。

各级领导的亲切关怀和各级各部门的大力支持，不仅是刘晓峰一生的无上荣光，更成为他继续创业，向更深、更广阔领域进军的不竭动力。

六

忍痛割爱

然而，就在刘晓峰绿色产业成规模，蒸蒸日上、迈步发展的关键时刻，一件意想不到的历史性事件发生了。

2001年年初，随着神木煤炭资源的大开发，锦界开始大规模建设能源重化工基地，不少全国知名企业以及本省市国有和非国有大中型企业纷纷入驻锦界，4×60万千瓦大型坑口电厂等电力、煤炭和以煤炭为原料的能源化工项目陆续上马。

水是工业的血液，工业离不开水，只有足够的水资源储备才能保证工业正常生产和稳定持续地发展。按照锦界当年的工业项目规划，必须在辖区的有效范围内建设一座库容量在千万立方米以上的大型水库，作为配套项目。神木县委、县政府主动配合，立即调动所有技术力量进行选址、规划，提交设计报告。

秃尾河发源于锦界镇境内的河湾村，流经全镇长达38公里，水资源极为丰富。基于这种情况，神木县计划梯级开发秃尾河水资源，计划修建瑶镇水库和采兔沟水库，加强水资源统一调配管理，以满足工农业生产的用水和城镇居民用水。

采兔沟水库作为重要的水利工程枢纽，是榆林能源化工基地建设规划的骨干水源工程，也是神木县为打造国家级能源化工核心区，加快陕北能源重化工基地建设而实施的一项重大建设项目，承担着向锦界和清水工业园区供水的重要职能，是一座以供水为主，兼具防洪、灌溉等功能的综合利用水库。水库选址于秃尾河中游干流上，结果，刘晓峰所承包的6500亩荒沙正好被划在了要建设的采兔沟水库库区内，这就意味着水库一建，刘晓峰采兔沟林场的良田、苗圃、树木和所有附属设施将全部被淹没。

刘晓峰用于6500亩荒沙造田、造林育苗和基础设施建设的总投资在千万元以上，他一度债台高筑，进退维谷。经过五年多的苦干，付出了大量的心血，刚刚走出低谷，已经成了规模，再有两到三年就能还清债务，见到效益。

现在政府为发展当地经济，规划要征用。况且当初他治沙造林的目的，为的也是改善生态环境，造福当地人民。而修水库、办工业是

绿之源有限责任公司苗木示范基地

区域的大局，是更大的人民福祉。自己作为党员，刘晓峰无条件地服从这个大局。他深知，要讲政治，这是一个共产党员党性的本质要求和具体表现。

瑶镇水库和采兔沟水库枢纽先后于2001年9月和2006年5月按期开工建设。如今的采兔沟水库碧波荡漾，生机盎然，榆神高速一桥飞架其上，宛若一幅泼墨山水画卷，美轮美奂。

刘晓峰不舍地撤出采兔沟林场，把重点转移到了他于1997年承包租赁的另一处绿化基地——樱桃巴塄。

乘凉好去处（2001 年·采兔沟）

七

十万亩荒沙再展宏图

1997年6月，时任中共中央总书记的江泽民做出了"再造一个山川秀美的西北地区"的重要指示，为陕北地区生态环境建设指明了总的方向和目标。

当时在秃尾河畔平沙造田经过两年的鏖战初见成效，刘晓峰更加增强了改造沙漠造福后代的决心。为了适应形势的发展，及时跟进中央关于"再造一个山川秀美的西北地区"的战略部署，刘晓峰经过充分的市场调查和科学论证，下定决心开辟第二基地。

刘晓峰巧借政府"五荒地"拍卖、租赁政策的东风，1997年以100万元买断了神木县西沟乡和瑶镇乡4个行政村40个自然村范围内乔巴泥沟2万亩荒沙50年的经营权，又以每年13万元的租金，租赁了上述4个行政村的8万亩荒沙经营权，并签订了50年的承包合同。这10万亩荒沙的中心地带是距离采兔沟20公里远的毛乌素沙漠边缘，一个叫樱桃巴塄的地方。

巴塄，蒙古语，意思是长沙蒿的地方。10万亩是什么概念呢？如果从巴塄南端走到北端，或者是说从东头走到西头，将近10公里，单程需要两三小时。

这一年，他以200万元资金在神木注册登记成立了具有独立法人资格的股份制农林企业——"绿之源有限责任公司"，打算对10万亩荒沙实施全面治理开发。

四儿子刘二虎是采兔沟林场建设的直接参与者，从选址、筹备项目、租赁沙地到基础设施建设、引进和销售苗木，自始至终和父亲摸爬滚打在一起，而且具有集团公司销售和管理的经验，因此担任了"绿之源"的总经理。

櫻桃好吃树难栽。这片土地没有任何植被，杂草也不长。覆盖在上面的沙子很深，有些地方深达一米。刨过沙子是胶泥地。就是说，要改造需要大量的资金。也只有改造后的土地才有一定的使用价值。

绿之源公司实行公司化管理、产业化经营，以"造林种草锁风沙，平沙造田水利化"为治理模式。刘晓峰带领工人们经过两个冬春的治理才将沙子封住，种子钱、人工钱和管理费用和持续性的生产环节，各项投入逐年增加。投入大产出小，经济效益就在种草、养羊上，每年公司投资在百八十万元以上，收入却只有二三十万元，入不敷出。刘晓峰说："大的经济效益要在五年以后。人给它有投入，它就给人以回报，这是自然规律。"

于是，刘晓峰和工人们接着干，至2000年他们封住了4万多亩荒沙，但还需投入300万元才能基本完成防风固沙工程。

公司积极推进科研成果向生产转化，促进林业成果的社会化、产业化。主打的苗木品牌仍然是优秀的科技产品，即具有快速生长特性的欧美杨107、108、109号树种。"杨树纸浆材新品种定向选育107、108、109"已被国家四部委评为"九五"国家重点科技攻关计划优秀科技成果奖，是国家林业总局发文重点推广的速生杨最优、最新品种，具有明显的优势。公司建立了种苗培育、推广、技术服务专门机构；设立了园林市政绿化美化设计、培育、推广、种子销售，果品、种苗以及多种绿化苗木的经营项目。

经过三年努力，平沙造田3500亩，打机井23眼，配套机泵管带23套，购置喷灌机2台，配置100亩渗灌设备，使3500亩旱地变成水浇地，其中种植苜蓿1300亩，造林2200亩。在10万亩荒沙上共种植苜蓿、沙打旺、草木樨人工草地5500亩，人工造林5000亩。以上共治理面积13500亩，累计投资400万元，林草畜牧和用材林基地建设稳步推进。当年几乎绝迹的山鸡、野兔重返家园，展现出秀美山川的壮丽画卷。

1999年，时任国务院总理朱镕基来延安视察，提出"退耕还林

（草）、封山绿化、以粮代赈、个体承包"的十六字方针，拉开了退耕还林的序幕。刘晓峰的思想进一步解放，目光更为远大。1999年，刘晓峰邀请中国华清集团公司董事长兼总经理安黎在北京和榆林多次考察，决定共同成立公司，在神木植树造林、挡风固沙，改变陕北人民的生存环境。2000年10月，党的十五届五中全会后，西部大开发战略实施全面启动。这一系列的重大举措，使刘晓峰的创业思路更加明晰，信念更加坚定。

他审时度势，清楚地认识到：生态建设，退耕还林（草）是关系西部乃至全国可持续发展的千秋大业，中央一定会下决定治理。治理好才能使西部生态环境恶化的状况得到初步遏

欧美杨108示范林

欧美杨108示范林

制，经济运行进入良性循环，进一步改善西部地区的投资环境，使增长速度达到全国平均水平，这样才能缩小日益拉大的东西部贫富差距。国家的大形势很明确，这是发展绿色产业千载难逢的好机会，必须抓住机遇。

2000年8月1日，他以1000万元的全部家当在神木注册成立神木县"绿云川有限责任公司"。神木"秦属雍州域，唐开元初设麟州，后改为新秦，宋设吴而堡，金设神木寨，元更名云川，至元六年（1269）为神木县"，刘晓峰的公司因此称"绿云川"。绿云川公司的经营范围进一步扩大，除了林业育苗、种植，农作物种植及农产品销售外，兼营展览策划，承接生态工程及咨询服务，五金交电、化工、电线电缆、建材销售。

2001年，刘晓峰再次与中海油相关领导在天津探讨盐碱地植树造林方略，并落实了试验田。同一年，与内蒙古伊克昭盟委副书记、神东公司副董事长院良臣共商在矿区植树造林、保护环境的大计划。

为了改善绿之源公司的投资经营状况，刘晓峰采用预售苗木的方法。

他在地块上卖苗子，公司与客户在起苗前签订购买合同，在绿之源公司的地块上苗木客户提前进入管理阶段，自己负责培育。实践中，有些管理得不错，有的管理还存在一些问题。

为了更好地探讨苗木的生产、培育和推广路径，刘晓峰在全国范围内大面积地推广绿之源公司的优良苗木品种。2001年9月，刘晓峰出资，在神木宾馆筹备召开了一个面向全国的苗木座谈会，名称为"陕西·神木 全国苗木生产和交易恳谈会"。会议邀请了有关领导、专家、学者和北京、内蒙古、陕西、山西、宁夏、河南等10多个省区的苗木经销商。会议共发出100多张请柬，到会的有500多人。榆林市相关部门领导及中共神木县委书记王玉虎、县长王斌、副县长万恒出席了会议。

会议开得十分成功，与会嘉宾就全国苗木的生产和销售现状及存在问题、解决办法提出了许多建设性的意见和建议。会上，绿之源公司和有关苗木商家共签订了100多份购销合同，建立了友好关系，畅通了联系方式。会后，刘晓峰的生意伙伴由会前的50家一下增加到100多家。根据会上客户提出的苗木需求，刘晓峰还增加了沙地柏、金丝柳和沙棘等市场看好的品种。

苗木经销商刘如原来是搞房地产的企业家，考察了绿之源的育苗基地后，觉得刘晓峰的公司苗木销路很好，当年就能见效益。于是，他拿出部分土地，签订了合作经营的协议。

苗木技术专家贾育才也是刘晓峰的朋友，此次作为一个客户的技术代表来检查苗木质量。他很看好刘晓峰新培育的沙地柏等品种，他表示："按照市场价每棵沙地柏3元左右计算，目前绿之源培育的苗种的经济效益就是20至30万元，市场前景相当好。"

会上，刘晓峰引用了鲁迅先生说过的一句话："地上本没有路，走的人多了，也便成了路。"他说："我这个路，我闯出来后，子孙后代、周边群众都像我这样干，久而久之山河就会改变面貌了。"

在他的示范引领下，全社会纷纷效仿，带动了神木、内蒙古、银川等周边省区的优良苗木培育和植树造林活动。

连续几年，刘晓峰以沙为家，以林为子，投入了巨额资金，也获得了丰厚的回报。在他的影响下，神木后来涌现出了许多治沙绿化方面的企业家，被授予"全国治沙模范"的张应龙就是典型代表。

八

建设肉羊产业园区

2014年10月，刘晓峰在神木注册成立了"神木县益宝盛种养殖有限公司"，投资扩建肉（绵）羊原种繁殖场，这标志着10万亩荒沙基地的种养殖业步入一个新的发展阶段。2015年，益宝盛公司从澳大利亚引进纯种萨福克、杜泊绵羊650只，进行扩种繁育，设计饲养规模3000只。该场占地120亩，按照"技术支撑区—示范园区—辐射推广区"的规划布局，建设800平方米的畜牧科技专家大院，示范园建有标准化双列式羊舍9栋共27360平方米，草棚1栋1800平方米，青贮窖2座2400平方米。防疫消毒和附属设施齐备，同时辐射建成大保当、尔林兔、中鸡3个10万只规模的养羊大镇，带动这一区域70%的农户养羊，逐步建成一座现代化肉羊产业园区。

该公司的发展思路是：引进一系列优质肉羊品种；建立一个示范基地；推广一系列集成技术；制定一系列技术标准；开发一系列优质产品；创建一个知名品牌；培育一个新兴产业；带动一方百姓致富。

其经营理念为：按照标准化生产、规模化发展、生态化养殖、产业化经营、信息化追溯的发展模式，在养殖规模上突出"大"，品种上突出"优"，技术上突出"新"，管理上突出"精"，带动上突出"强"。

刘晓峰肉羊的经营范围包括：纯种萨福克、杜泊、无角道赛特种羊及胚胎、精液；肉羊配套体系技术服务及解决方案；养羊技术培训与技能推广。

肉羊养殖园区由益宝盛公司管理，按照公司、合作社、基地、农户"四位一体"的运行机制，以肉羊养殖为主体，建设集种羊繁育、肉羊杂交、商品羊肥育、屠宰加工、饲料生产、订单农业等诸多功能于一体的现代肉羊产业化循环经济科技园区。同时与周边农民合作社家庭牧场、养殖专业户签约，科学饲养、订单养殖、联合经营，建立技术、市场、品牌共享，利益相连的肉羊养殖联合体。

他们所饲养的黑头萨福克羊，产于英国，具有早熟、生长发育快的特点，是国际级优质终端父本品种；黑头杜泊绵羊和白头杜泊绵羊，产于南非，具有生长迅速、断奶体重大、适应性强等特点，是国际钻石级肉羊品种；无角道赛特羊，产于澳大利亚和新西兰，具有早熟、

益宝盛种养殖公司鸟瞰图，公司饲养的黑头、白头杜泊绵羊（产地南非），黑头萨福克羊（产地英国）和无角道赛特羊（产地澳大利亚、新西兰）

生长发育快、全年发情及耐热和适应干燥气候等特点，属于经济杂交生产羔羊的首选父系品种。

从2015年开始，肉羊基地的建设按照规划稳步推进：

一是注重良种羊选育与扩繁。在肉羊选育提高的同时，将同期发情、人工授精、超数排卵、胚胎移植等繁育技术广泛应用到种羊繁育及肉羊生产领域，通过实验胚胎移植年提供优质种公羊1600余只，基地所在镇实现了良种推广全覆盖。

二是优选高繁多肌杂交母羊群。在肉羊基地建设杜寒、杜湖及杜寒萨二元、三元杂交配套系，形成10万只的饲养规模。

三是建立标准化养殖新模式。在重点区域建立"示范牧场"，培育100只以上的高繁多肌杂交母羊群500户，对养殖模式的规模化操作

采兔沟林场养的本地羊

采兔沟饲养的黄牛

和新技术应用进行示范指导。

四是建立全新生态产业链。基地建设以"种、养、加"为核心，建立完整的农、牧产业化链条。

近年来，为保障肉羊基地建设，益宝盛公司在"五荒地"上种植苜蓿达到1800亩，种植玉米300亩。草棚、青贮窖，防疫消毒、养殖设备和其他附属设施一应俱全。其中建成二层小楼2栋、40间房，为办公和接待场所。建成大型蓄水池6个，其中蓄水5000方的池子4个，蓄水10000方的池子2个。

在10万亩荒沙上，建设林场20000亩，其中松树4000亩，杨树15000株，温室蔬菜大棚20座，常年养猪200多头，架设绕林场的低压线路20公里，环林场硬化路面18公里。此外，林场打深井20口，用于浇灌林木，在牧场新架设低压电路18公里。

通过多年的建设，今天的樱桃巴唠，沃野良田，羊成群，绿树成荫，碧草满地，流水潺潺，鸟语花香，一片塞外江南的美丽景色。

九

跻身能源企业

1986年6月，国家决定神府煤田开发建设由前期准备转为立即上马，成为国家"七五"期间重点建设项目，神府煤田大规模开发由此正式启动。

按照当时"国家、集体、个人一起上"的开发指导方针，神木、府谷两县开始大办煤矿。经过多年的发展，榆林的煤炭开发方式从手工到半机械化、全机械化、全自动化，产能也一路飙升，从几万吨几十万吨到千万吨级，带动了中国煤炭行业由粗放式向规模化、集约化、自动化和信息化方向发展。

煤炭产业带动了榆林区域经济跨越式的发展，成为全区第一大财政支柱。榆林人民真正体会到了这场轰轰烈烈的"黑色革命"带来的巨变。

伴随着国家能源战略的西移、西部大开发战略的实施，1998年，榆林被批准为国家级能源重化工基地，榆林开始了更高层次、更大规模的规划和开发建设，开启了有史以来最快的一个发展阶段。

2002年，我国重化工业发力，煤炭行业的"黄金十年"由此开始，榆林煤炭行业更是享尽了这风光与荣耀的十年。

刘晓峰洞察了榆林煤炭工业发展的全过程。早在承包樱桃巴崂10万亩荒沙之初，他就看到了榆林能源企业发展的曙光。

榆林锦界坑口电厂上马后，他审时度势，开始有了思路，先后在内蒙古杭锦旗，神木县中鸡、瑶镇等地做过积极的尝试，积极参与榆神经济开发建设。

2003年，随着陕西省委、省政府"煤向电转化、煤电向载能工业品转化、煤油气盐向化工产品转化"的"三个转化"战略的实施，先前合伙、个人独资、股份制等非国有主体煤矿附加值低、产业链条短、环保质量差等先天不足使企业顿时失去优势和竞争力。与此同时，国家煤矿整合的步伐进一步加快。

在"三个转化"战略的指引下，榆林着力推进资源向深度转化、项目向园区集中、产业向集群发展，开始大规模招商引资，吸引了众多世界500强和国内知名企业入驻榆林。

2005年，刘晓峰根据政策的变化，与榆林煤炭行业的高层管理人士和专家进行了认真的探讨和论证，权衡了各种利弊，最后确立了与大型中央企业合作的基本思路。

当时，榆林境内涉煤的中央企业主要有4家：一是神华集团有限责任公司，二是中国华能集团有限公司，三是中国华电集团有限公司，四是中国中煤能源集团有限公司。

除上述央企外，刘晓峰还先后与香港正大集团、龙煤集团、晋煤集团、北京恒大、西安秦峰等国有大型企业沟通渠道，实地考察，根据自身条件，探讨合作方式。

刘晓峰跻身能源企业，为创建绿色环保经济，为国家能源安全和健康发展，积极参与国家混合制能源企业发展，与央企合作，从根本上体现了一个老共产党员坚持听党话、跟党走、响应国家号召的初心和使命。

他在选择和确定合作方时，放弃了和外省多家央企合作的机会，最终将煤企放在神木，目的是助力地方经济社会的发展。

此外，他认为与央企合作还可以借助央企人才、技术和管理等方面的优势，学习企业在发展理念、组织管理以及科技创新等方面的先进做法和经验，在干中学、在学中干，使自己参与管理的后辈在实践中得到不断提高，为地方经济发展做出贡献，为榆林市人才引进和科学智能化发展做出表率，为企业孵化出源源不断的人才，实现企业可持续发展。

第七部

修身齐家

灯盏盏点灯满炕炕明

从1950年腊月初二刘晓峰与妻子杨秀林步入婚姻殿堂到2020年，他们在人生的道路上整整走过了70个春秋。

70年，他们由青丝变为白发，从不谙世事的青春少年到饱经沧桑的耄耋老人，虽没有海枯石烂的誓言和惊心动魄的过往，但也历经沧桑，在风雨中相互搀扶、情深似海。

70年，他们同甘苦、共患难、恩爱相伴、耳濡目染，真情演绎了一曲爱的恋歌。

70年的恩爱夫妻，一起跨越了半个多世纪的时光，他们证明了爱情不会因时光而褪色。相亲相爱走过一辈子，这就是最幸福的人生了。

婚后不久，刘晓峰进入榆林师范读书，秀林就在家里做家务，推碾滚磨，喂羊喂牛，上山种地，家里的营生没有不干的，一年四季从没消停过。

村里缺饮用水，不满15周岁的秀林，和村里人一样去地处深沟的水井去担水。因为山高坡陡，路上布满碎石子，一路上跌跌撞撞，等到担回家，水桶里常常只剩半桶水。她每天坚持，从不喊累。

刘家畔村烧炭奇缺，大多数农民没钱买不起炭。每年洪水期，男人们就会跑到五六里路外的窟野河，打捞从上游冲下来的河炭。有一年夏天，婆婆叫秀林去窟野河捞河炭，突然洪水猛涨，眼看秀林就要被河水冲走了，多亏本村的一位叔叔用捞河炭的工具"捞头"将她拦住，才幸免于难。

　　刘晓峰刚参加工作，一两年换一个学校。刘晓峰带着几个弟弟随他念书，没有条件带家属，所以秀林一直在家种地。

　　公公去世时，三个小叔子尚未成家立业，最小的还在幼年，家里的负担进一步加重。

　　秀林毫无怨言，和丈夫及婆婆共同挑起了繁重的家庭担子，走出了生活的困境。秀林老人回忆：自己的大儿子出生的当天她还推了一上午的磨，感觉肚子疼才上了炕待产。

　　秀林的婆婆性子急，事不顺心就会发火。秀林虽无文化，但知书达礼，她的外公是当地有名的私塾先生，一生以教书和种地为业；她的母亲能熟背《百家姓》和《三字经》等传统蒙学，在其家庭的熏陶下秀林从小就养成了吃苦耐劳、宽厚待人的品质。遇到老人发脾气她默不作声，不做任何辩解。

　　秀林回忆说："记得刚结婚，父亲送我回婆家，一路上反复安顿：在家里要好好听话，听老人的话，老人说你是为你好。要学会处事待人，和家里的人处好。"

　　诗书非药能医俗，道德无根可树人。老人家几句朴实无华的话语，真实而深刻地反映了杨家的良好家风。

　　婚后大儿子支堂、二儿子巨堂相继出生，婆婆的年岁越来越大，她既要照看两个孩子，又要照顾老人，家庭负担很重。她是党员，还要参加队里的劳动，家里家外忙得不可开交。丈夫刘晓峰一两个月也顾不上回家一趟，但她毫无怨言，一心一意操持这个家庭。

　　秀林一生共生育了九胎，二儿子之后曾经四年连续夭折了两个男孩。第一个快一周岁刚学走路。有一次坐罢娘家和婆婆还有外甥一起回刘家畔，孩子一路上由外甥背着。太阳临落，她们走到乔河沟坐下歇了一会儿，陪婆婆抽了一锅烟。回到家的当天晚上，孩子便开始不停地哭闹，一直哭到半夜咽了气。两年以后又生下一个男孩，出生刚几个月，晚上也是哭着哭着没了气息。

　　夫妻俩连续失去骨肉，遭受了身心深深的折磨，在他们心灵上留下了难以愈合的伤痛。

　　当地传说乔河沟地处冲沟，潮湿阴森，太阳下山后缺乏阳气。"可是个好小子哩，是不是中了邪气？那时候年轻不懂。"晚年秀林回想起，仍然为当年失去可爱的儿子痛心不已。

　　1964年，孩子们都到了上学的年龄，刘晓峰调到瑶镇宫泊学校时秀林才第一次随亲居住。这期间，大女儿刘璋玲、三儿子刘军、四儿子刘二虎和小女儿刘彩霞相继出生，加上大儿子和二儿子，他们是8口人的一个大家庭。其他的不说，光吃饭穿衣、日常用度就是一笔不小的开支，这一时期也是这个家庭最为难熬的困难时期。好在宫泊虽然艰苦些，但这里地多人少，口粮不是大问题。在六七十年代的饥荒岁月，要找这么个好地方还真不容易。回想起来，是宫泊的土地养育了这一家人，是宫泊的乡亲们帮助他们度过一生中最为艰苦的岁月。

　　更为难能可贵的是，秀林贤惠、善良，婆婆去世后还统揽了刘晓峰尚在年幼的几个兄弟的吃饭穿衣、上学和成家立业等日常生活所需，尽到了"老嫂当母"的责任。四弟刘启维在内蒙古新街读书时，秀林怕他饿肚子，每次他回宫泊临走时，秀林总要把家里稀缺的白面蒸成馍，在灶头烤成干馍片，让他带到学校。后来二弟的一个孩子、三弟的两个孩子因为上学或待业先后在他家住宿吃饭，她毫不嫌弃、视为己出，和自己的孩子同样对待，甚至更好。

　　她一生勤劳善良、忍耐宽容，用仁朴的心灵和实际行动营造了一个和谐温暖的大家庭，成就了刘氏家族的兴盛！可以说没有她就没有刘氏家族的今天。她的品德和教养是中华民族传统美德最好的注脚和诠释，她无论为人之女、为人之妻还是为人之母，都不失一个平凡而伟大女性的称谓。

　　在社会上，秀林为人至诚至真，不说半句谎话，也不存半点欺人之心。在宫泊居住的十年时间和邻里邻居和睦相处，远近亲疏大多受到她的帮助。离开宫泊到神木城时大家都舍不得她。

1975年，丈夫刘晓峰又调到马镇公社工作，一住就是8年。马镇在黄河畔上，条件十分艰苦，根本没条件在那里安家落户。

刘晓峰调走了，不能继续住在宫泊，秀林提出在神木城借地方安家。

1975年初秋，刘晓峰举家搬进了神木城。秀林独自带孩子，在神木城生活。对此刘晓峰也深知妻子的苦楚，妻子的贤惠激发着他的工作热情和一往无前的奋斗精神。

家中有女为"安"，妻子是典型的贤妻良母，全家的主心骨，有一个勤劳本分的妻子在家照料，刘晓峰心里踏实、放心。

2004年秋，妻子秀林感觉胃部不舒服的状况越发加重。9月初在西京医院做了检查，发现胃部有肿瘤。刘晓峰得知情况后立即赶到了医院，两天后就施行了手术。病情尚属早期，手术十分成功。大病初愈，刘晓峰语重心长地对孩子们说："你妈是咱家最重要的人啊！"

是啊！有她，这个家庭才不缺少幸福。秀林出院后，刘晓峰遵照医嘱，和儿女共同制定了食谱，精心调理，并专门为她请了保姆照料生活起居。经过精心护理，秀林的病情一天天好转，并逐渐恢复了健康。

刘晓峰是个观念十分正统的人，父是父、子是子，长幼尊卑，界限分明，家教非常严格，容不得越雷池半步。脾气来了谁都生畏，儿女们几乎不敢靠近，但他对待妻子总是和风细雨，有时还冷不丁开个玩笑，耍笑着说："你是个涅人（呆人）。"妻子也回应道："我涅，娃娃们不涅就对了。"夫妻俩会心地笑笑。

秀林一生含辛茹苦养育了五男二女，与他共同经历了无数风风雨雨，刘晓峰的内心充满了无限感慨和感激。晚年生活富裕了，他尽量让妻子吃好穿好，心情舒畅，并要求孩子们不能惹母亲生气。

　　退休了，刘晓峰又要到条件艰苦的沙窝窝里栽树，秀林放心不下。当看到刘晓峰一个60多岁的人住在草棚，整天吃不上一顿热饭时，秀林内心有说不出的难受。临近春节，她告诉孩子们："今年我去林场过年，要不你爸爸一个人。"知冷暖、善体贴，心心相印，夫妻情深溢于言表。

　　刘晓峰的一生忙于事业，和家人聚少离多。退休后的他似乎比在职时更忙，一年四季东奔西跑，不是在林场，就是在外地出差，不亦乐乎。

　　退休后的刘晓峰，仍然雄心勃勃，就和壮年时一样不停地跑，很少在家。秀林是一个明理的女人，支持丈夫的事业，毫无怨言。2020年农历二月初七上午刘晓峰在北京去世的噩耗传来，秀林无比痛心，半个月前她还在榆林市第二医院的病床陪过他。她知道任何困难都压不垮这个人，总以为是感冒了，一般的病，过几天就会好的。

　　在榆林二院探病时，刘晓峰对妻子说："你早点回去，小心感冒，好好吃饭，保重身体，我住上几天就回来了。"说话之间在病床上握住坐在自己身边妻子的手，深情地望着。

　　夫妻之间的温情，刘晓峰从来羞于在人面前表现。病重期间他的这一握，表达了对妻子一生的无限感激和万望珍重的关爱之情。

　　后来刘晓峰去北京看病，秀林相信北京的医疗水平高，万万想不到刘晓峰这么快撒手人寰。几年前秀林生过一场大病，她一直以为自己要走在前面。

　　70年朝夕相处，70年风雨同舟，她很清楚，刘晓峰的离去对这个家庭和自己来说意味着什么。她要儿女化悲痛为力量，继续把刘晓峰未完的事业干下去。

五个儿子四个兵

常言说:"百炼才能成钢","玉不琢不成器,人不学不知义"。刘晓峰通过自己的亲身经历证明:一个人不经过风雨和艰苦环境的磨炼,就不会有坚强的意志和吃苦耐劳的拼搏精神,就难成就一番事业。

刘晓峰经常教育儿女:要严于律己,待人厚道,坚持原则,公道正派,堂堂正正做人,踏踏实实做事。在刘晓峰的心目中,人民军队是一座大熔炉,在那里可以学到很多在家庭和社会上学不到的知识。军营是年轻人成长的沃土,部队高强度的训练和经常遇到的恶劣环境,可以培养年轻人吃苦耐劳的精神。在军队还可以锻造年轻人团结友爱、与人协作的品质。当过兵的人大都具有较强的责任和担当意识,懂得感恩和守信,能养成在工作和生活中严谨、细致的良好习惯。具备这些素质,日后无论在什么岗位都能轻车熟路、应付自如,这就是刘晓峰送子参军的初衷。

刘晓峰的五个儿子到了入伍的年龄,个个积极响应党的号召,应征入伍。有四个儿子通过政审和体检符合条件,光荣参军,唯有四儿子因为视力的原因没能如愿以偿。

大儿子刘支堂1975年入伍,在中国人民解放军总后勤部青藏兵站汽车第一团服役。军营所处的环境和气候条件十分恶劣,他在部队上表现突出,被选拔到解放军汽车管理学院学习。六年的部队生活,使他练就了不怕苦、不怕累的精神,养成低调务实的个性和讲秩序、严谨细致的好习惯。复员后分配到内蒙古伊金霍洛旗公安局工作,后调回陕西,先后任榆林地区外经贸委办公室主任、榆林地区财政局纪检组长、副局长,榆林市纪律检查委员会第一届、第二届、第三届委员,常委、副书记。

刘晓峰七个儿女合影

　　二儿子刘崇涛1977年参加中国人民解放军，在陕西蒲城服役。在部队上得到很好的锻炼，为人大度，工作泼辣。1981年复员。先后在内蒙古伊克昭盟公路局、神木县贺家川派出所和大柳塔派出所、榆林地区秦榆公司等单位工作。1996年进入能源企业，具体负责煤炭企业的经营管理，负责与央企的合作事宜等。

　　三儿子刘军1985年至1989年在内蒙古伊克昭盟武警支队服役。武警部队肩负执勤、处突、反恐、维权、抢险救援及防卫作战等任务，责任重大，使命光荣。刘军服役期间在多次警卫和重大活动的武装警卫工作中表现突出，后被任命为班长。刘军为人耿直、性情直爽，四年的军旅生涯练就了他勇挑重担、处事果断、助人为乐的优良作风和品质。复员后先后任榆林市外贸公司干事、市财政局干事，榆林市政府金融办副主任、渭南市委统战部副部长等职。

　　四儿子刘二虎，虽然未能进入军营，但他是刘晓峰在家族企业经营管理上培养的重点对象。刘二虎1996年开始跟随父亲创建采兔沟林场，他见证、参与了林场从艰难起步到山川巨变最终全面发展获益的全过程。1988年至1996年，他在榆林煤炭运销集团工作；1996年至2002年任神木绿云川恒源投资公司总经理；2005年至2008年任鄂尔多斯恒源投资公司副董事长兼副总经理；2012年任陕西益泰能源投资有限责任公司董事长兼副总经理；2009年至今任神木隆德矿业有限责任公司副董事长。长期的企业管理实践和社会活动造就了刘二虎思路缜密、志向高远、乐于助人、精明干练的个性特征。2000年3月，刘二虎作为榆林市代表团成员出席了共青团陕西省代表大会，2001年至2006年他入选神木县人大代表，2009年5月至今任榆林市青联常委。2017年被评为"陕西省优秀企业家。"

五儿子刘虎军1993年至1995年在北京服役，复员后在神华神东公司供电通信处工作；2001年至2005年在榆林市司法干校工作；2005年至2008年在内蒙古鄂托克前旗恒源投资公司任副总经理；2013年至今任榆林逸晟房地产开发有限责任公司董事长。刘虎军为人善良，结交广泛，热心公益事业。他连续担任政协榆林市委员会第二、三、四届委员。2022年6月，在榆林市工商联（总商会）第三届领导班子换届中，刘虎军在37名民营经济人士候选人当中脱颖而出，当选为副主席。

2006年3月召开的榆林市人大、政协两会上，细心的人发现刘晓峰有四个儿子都参会了。的确，当时大儿子刘支堂、四儿子刘二虎是市人大代表；三儿子刘军和小儿子刘虎军是市政协委员。

刘晓峰的两个女儿不甘落后，刻苦学习，在各自的工作岗位上表现不输男儿。大女儿刘璋玲被哥哥们的军人风采所吸引，到了入伍的年龄哭着闹着也要当兵。父亲犯难了，也同意让她去，为此还做了些工作，无奈部队当年要的女兵太少，她的美好愿望未能实现。刘璋玲先在东胜工作，2007年调回神木县国有资产运营公司。小女儿刘彩霞大学学历，从小受父亲的影响和熏陶，立志教书育人，传承父亲师风师德，现任榆林职业技术学院教师。

如今，刘晓峰的 7 个子女，在各自的岗位上拼搏，努力将父亲创下的基业稳步推进。

三

血浓于水：与三位舅父的深情厚谊

刘晓峰舅父兄弟三人，大舅刘长刚，二舅刘长健，三舅刘长锐。外公去世时，刘晓峰的大舅才15岁，二舅11岁，三舅6岁。刘晓峰的母亲桂梅13岁，小姨侯女8岁，加上外婆，一共6口人。

刘晓峰的外公去世后，维持家庭生活的重担就自然落在大舅刘长刚的肩上，刘长刚对弟弟和妹妹就像慈父一样，尽到了一个"长兄如父"的责任。

春、夏、秋三季，他精心务农，抽空帮人做买卖。冬闲时自己推磨去太原卖面，做生意挣点零花钱。刘长刚是一个有雄心有大志的人，当时家庭特别困难，他决意送二弟弟刘长健上学，由初小到完小。刘长健也争气，学习用功，成绩一直是班里的一二名，后来考入了榆林中学。

在榆林中学时，刘长健在进步同学和老师的帮助影响下，接受了进步思想，在幼小的心灵深处埋下了同情劳动人民，痛恨国民党反动统治的思想萌芽。由于思想进步，1928年地下党组织发展他加入了共青团，并担任团支部书记。刘长健的文笔很好，经常写进步文章，并积极参加党组织的地下活动。1929年10月初，为纪念苏联十月革命，学校党组织安排他和张秀山上街张贴反帝拥苏的传单。

有一天，他们正在榆林城沿街贴传单，被巡警发现了，他让张秀山快跑，自己却被抓住送进了监狱。虽经严刑拷打，但他严守党组织的秘密坚决不供，只说自己是近视眼，看到墙上贴有东西，还没有看清楚，就让你们抓来了。敌人问："跑了的那个人是谁？"他说："你们抓我，街上行人太乱，我又不认得他是谁。"敌人得不到东西，就给他坐老虎凳等，并戴上了沉重的脚镣。但他意志坚定，守口如瓶，始终保护党的机密和同志们的安全。

刘晓峰的大舅刘长刚听说二弟坐了牢，心急如焚，徒步跑了五趟榆林，设法营救。后来东借西凑筹了500块银圆，通过别人送给了榆林军阀井岳秀一个爱打麻将的小老婆，由她担保，最后才将刘长健救出。之后党组织决定让刘长健回神木南乡做党的工作。当时的500块大洋对刘长刚来说，真是个天文数字，大部分钱是借外人的，他想方设法，省吃俭用，经过了三年的苦干，终于还清了外债。

但是这件事后来又节外生枝。1933年，刚还完债务从困境中挣扎出来的刘长刚，被神府地下党组织四区书记（后脱党叛变）从刘家坡家里拉到沙峁，拷问说："你给井岳秀送了500块大洋，为什么不给共产党交钱？"刘长刚说："我哪里有钱呀？你们是知道的，当时我是和亲朋好友借的。"这个坏家伙见软的不行，就来硬的。不由分说，对刘长刚动了刑具，百般拷打，严刑逼供。刘长刚只好把家里女人的手镯交了几对才算了事。因为这个四区书记是本村人，知道他家里较富裕，企图屈打成招。

结果刘长刚被释放获得了自由，刚回到村口，就听村里的人说，四区的人又把自己的母亲在家里吊起来进行拷打。凑巧的是，王兆相团长到了沙峁，听群众反映了情况，王团长很恼火，说："这还了得，过河去！"（沙峁过了窟野河就是刘家坡村）

这个时候刘晓峰的父亲正好在沙峁，王兆相就让刘晓峰的父亲拉马过河去刘家坡。

到了河中心，刘晓峰的父亲想："王团长是个军人，过了河见到四区书记很可能会把他处决了（当时他有这个权力），这样就把事情闹得不可收拾了，等于我们两家把世代的冤仇结下了，绝对不能这样。"想到这里，他就谎称："王团长，窟野河水深有底冰，马过不去。"

王团长听说后告诉刘晓峰的父亲："那么你过河把四区书记叫到河滩来。"刘晓峰的父亲只得遵命。

王团长一见到四区书记，就开口大骂，并说："刘长健是党的领导干部，他家里哪有钱？你们知道还捆吊人？赶快放人，不然的话老子收拾你！"四区书记听了连连点头。就这样刘晓峰的外婆才幸免于难。从此以后，村里的那些坏人再也不敢欺压刘长刚的家人了。

刘晓峰的大舅刘长刚一生大智大勇，很有才干，他不光勤劳，在生意上也很有一套。红军当时是无盐、无油、无布匹，这些物资都十分困难，很难解决。刘长刚派刘晓峰的父亲和他三弟不断从敌占区购买红军所需物资送给红军。他家里有个木仓，非常大，能装三四十石粮食，是党组织和干部秘密接头开会的地方。中央红军长征前，贾拓夫曾经在刘长刚家住过20多天。其间，贾拓夫不是看书、看文件就是开会，开展革命工作。刘长刚夫妇看到领导整天没日没夜地工作，太辛苦，就想法子给他调剂伙食，有时晚上还给他包水饺。

20世纪30年代，天宝在刘晓峰大舅刘长刚家居住多日。后来党组织派天宝到内蒙古的三段地工作，刘长刚专门出钱买了一匹马，来回接送他。晚上行走，白天休息，第一次走了12天才到达三段地。乌兰夫也曾经在刘长刚家住过，刘长刚给他送了不少活动经费。当时担任神府苏区政府领导的刘北垣也多次收到过刘长刚资助的活动经费。

农业合作化时，刘长刚整日在队里劳动，他懂的道理多，村里的年轻人让他一边劳动一边讲故事、说段子，给大家调剂解闷。

晚年，刘晓峰在回忆大舅刘长刚时深情地说道："我的老家叫刘家畔，是一个比较贫困而又偏僻的小山村，村里没有学校，父母把我送到刘家坡上学。我的成就都离不开刘家坡，没有刘家坡就没有我的今天。我在榆师毕业后参加了工作。我时时以大舅为榜样，立志把三个弟弟培养成人。大舅是一位勤劳善良、忠厚慈祥的老人，常常给我缝新补旧，从来没对我说过一句重话。而我对大舅、舅母什么也没有孝敬过，这成了我一生的内疚。'文革'中批斗人，队里勒令他陪站，这对大舅在精神上刺激很大。60多岁的人了，有一天，他出去转了转，回来一上炕就感到头疼，不到五分钟，可能是心肌梗死去世了。那时我在外地，没有赶上送别……我永远忘不了大舅的音容笑貌！"

刘晓峰的二舅刘长健作为神府革命根据地的开创者，历任神木南乡区团委书记、党委书记，神府特区革命委员会和神府苏维埃政府秘书长兼文化教育部长。1938年在延安中央党校学习后任陕甘宁边区教育厅督学，晋绥山阴中心县委书记。1949年南下解放四川、西康。先后任康定地委秘书长兼宣传、组织部长，西康省革命干部学校校长，西康省高级人民法院院长、党组书记，四川省司法厅副厅长，四川省政法办主任，四川省高级人民法院副院长、代院长，四川省人民检察院第一副检察长等职。刘晓峰多次去四川看望他，每次都细心倾听二舅的谆谆教导。刘长健几次探家都是刘晓峰陪同，并在他家里住过20多天。二舅在成都病重住院时刘晓峰专程去成都看望了几次。二舅去世时，他亲自赶到成都吊唁。二舅、二舅母的骨灰回老家安葬时，刘晓峰都在灵前祭奠，以表达他对二舅父的真情。

2010年夏秋，刘晓峰根据二舅生前的遗愿，个人出资编辑出版了《刘长健革命文集》一书，收录了刘长健自传、刘长健诗词歌赋、亲友回忆，以及土地革命时期英雄的神府儿女同国民党反动派进行斗争，创建神府特区苏维埃政权的英勇过程等内容，并于当年8月在沙峁刘家坡村举行了隆重的首发式，当时神木县几大班子及近邻乡村近千人参加了大会。

刘长健的几个子女专程从成都赶回神木参加了发行仪式，对表哥刘晓峰表达了真诚的谢意。

刘晓峰出书的目的在于将刘家坡这个家庭辉煌的历史载入史册，

并希望后人不要忘记、向他们学习。该书的出版发行了却了他的一桩心愿，这是外甥最后一次给舅舅所做的事情，是刘晓峰对舅舅一生关心他的一次集中回报。

刘晓峰的三舅刘长锐，乳名侯命，是一个典型的中国农民，一年四季没得消闲一天。他所吃的苦、受的罪超过了常人。刘晓峰的少年是在刘家坡度过的，大部分时间和舅舅们住在一起。1946年，刘晓峰和表兄刘玉锟同一天得了伤寒病，后来都熬了过来。是三舅一直照顾，长达两三个月，刘晓峰的三舅母待刘晓峰如同亲生儿子，叫刘晓峰念念不忘。1980年农历十月初八，刘晓峰母亲去世后，三舅很伤心，成日哭泣。当时，刘晓峰感到有点不对头，就让表妹夫福明把棺材赶快做好，以防不测时用。1981年农历正月十二刘晓峰弟兄几人去看望他，并同他商量，过了正月十五，正月十六弟兄几人陪他到东胜住上一段时间。并劝他现在年龄大了，不用再受苦了。正月十六，刘晓峰的四弟刘启维专门开车把他接上，路过神木，在刘晓峰的家吃了一顿饭。吃完饭说他不去东胜了，借口说要给刘晓峰看家（刘晓峰妻子回娘家去了）。

弟弟给刘晓峰打电话说："三舅坚决不去东胜，过几天他要去马镇公社。"当时刘晓峰是马镇公社书记，只好说："那就由他吧，不要勉强。"

正月二十，刘晓峰的三舅由神木回到了马镇，去探望了自己的三女儿玉兰，晚上住在刘晓峰二弟刘启明（当时在马镇水电站工作）单位，第二天又去探望了外甥女俊娥，然后就要回刘家坡，说家里有事要他处理。

刘晓峰说："现在天寒地冻的，能有什么要事？况且马镇今天开始唱戏，远处的人听说都赶来看戏，你怎么能回去呢？看完戏再说。"三舅听刘晓峰话，看了三天戏。看完夜戏回来爷俩就聊天，一拉话就是三四小时，夜深了刘晓峰就加火搞点吃的。

正月二十八早上，刘晓峰去县上开会，送三舅在申家塌道班下车，去了李家新庄亲戚家，刘晓峰在山头目送舅舅走到沟里。

1981年二月初二，刘晓峰的表弟打电话说他父亲昨天半夜得了重病，念叨着要见刘晓峰。刘晓峰听说后立即动身，上午赶到，11时老人家去世了。

三舅父的去世对刘晓峰的打击非常大，一连三四年，一到了晚上刘晓峰就像看到三舅父一样。换个房子住还是如此，辗转反侧，难以入眠。三舅母知道后，几年不让刘晓峰上坟烧纸。

刘晓峰在神木外贸局工作时，把三舅母接到自己家住了一个多月。后来，每年都要回去探望几次，每年送一车炭。调榆林工作后，刘晓峰也是一年看一次，一年也不误。调到西安后，因为路途遥远就只能两年看一次。每次看望都要带足舅母全年或半年吃的米、面以及零花钱，以感谢三舅母的恩情。

受父辈们的影响，刘晓峰的表兄弟之间很团结，也能互相关照，团结就是力量，刘家坡刘家因为几辈子人团结才造就了辉煌的历史。

刘晓峰的表兄刘玉锟（大舅的大儿子）为人忠厚诚实，非常关心和疼爱刘晓峰一家人。1955年3月，刘晓峰的父亲去世时，刘玉锟和他三爸绕道贺家川来到刘家畔当娘家人，给他姑父送"三更"，叔侄二人把带来的衣服重新给刘晓峰的父亲穿上。

1955年，刘玉锟又把一部分工资给了自己的姑姑——刘晓峰的母亲。刘玉锟长刘晓峰几岁，在工作上经常指点刘晓峰，关心他的成长和进步，并付诸行动。

有一年，刘晓峰的父亲做点小生意，因为缺乏经验，对当时的米价市场没有认真考察，算账不细致，欠下了外债。恰巧这时刘晓峰四弟启维也得病花了不少钱，致使家庭生活雪上加霜。当时刘玉锟在陈家坪公社当社长，刘晓峰去找了他。刘玉锟家人多，经济也很困难，得知情况后他随即和别人借了100元，递给了刘晓峰。

《刘长健革命文集》发行会（2010年8月·刘家坡）

　　当时这100元对刘晓峰来说，真是个天文数字，是他终生难忘的一件事，他常说：到咱们儿孙手上也不能忘记。

　　刘晓峰的另一位表兄刘玉昭（大舅的二儿子）人品极好，是一个在家里很讲孝道、在社会上又十分仗义的人。过光景决心非常大，不怕困难。一生辛劳，晚年多病。刘晓峰为了表达对表兄刘玉昭及大舅、舅母的恩情，在力所能及的情况尽力给予帮助。

　　刘晓峰的另一位表弟刘拖根（三舅的小儿子）也是一个孝子，对父母非常孝顺，被社会上的人公认，刘晓峰十分赞赏拖根这一点。拖根人聪明、点子多，很会持家过日子，教子有方，能把好的家风、家教传给后人。

　　刘晓峰的大舅和母亲在世的时候，兄妹俩一起拉话："希望刘家坡、刘家畔两家永久往来，在儿孙们的手上继承下来。"

　　刘晓峰十分看重父辈们的这句话，决心继承老人的遗志，除了自己尽到一份孝心外，还时常教育自己的子孙永远不能忘记刘家坡，不能忘记他们当年对自己父辈的大恩大德。

他经常告诉儿孙们："若听我的话，就照我说的去办。希望你们和刘家坡的子孙们一样纯朴、善良、勤劳。特别是他们孝敬父母，是我们晚辈学习的好榜样。每个人都有长处和短处，我们应该正视自己的短处，学习别人的长处。不能为一句话、一件事就耿耿于怀。做人应该有个标准和底线，我们应该学习刘家坡一家人高贵的品德，使两家人财两旺、永世安康，为老人们争光、为党和祖国争光。"

刘晓峰对三位舅舅、舅母及表兄弟之间的感情如同父母兄弟一般，关爱的程度无微不至，在社会上实属少见，他的善举受到周边乡亲们的广泛称颂。

四

殷殷桑梓情

"修身、齐家、治国、平天下"语出《礼记·大学》，意思是一个人只有修养品性，把家庭家族管理好了，才能治理好国家，让天下太平。刘晓峰本人深受影响，并身体力行、笃行不倦。

家族邻里谁有困难他总是竭尽全力，村里户族谁家有困难来找，他从不拒绝，热心帮助。刘晓峰关心帮助约200人，他们分别在各个岗位上就业，其中有的是他资助上学，通过考试被录用在党政企事业单位；有的是他推荐参军复员后安排工作；也有的掌握一门技术后经他介绍进入各类工矿企业上班。由于他的关心，年轻人有了一份稳定的工作，家庭生活由此得到很大的改善。

当年刘晓峰创办采兔沟和樱桃巴塄两处林场，凡是有劳动能力的户家弟兄、侄男侄女，村里的、附近村庄的，只要愿意务工的他都愿意接收，按劳取酬。门谱亲近有经济实力的，还可以入股经营。

他热心帮助大龄青年成家。村里有几位大龄男青年，他非常上心，到处打问适合的对象。1975年左右，堂弟刘启问和侄儿刘埃堂到了结婚年龄成不了家，多方寻觅，他亲自做媒答应女方条件，垫钱备办嫁妆，终于二人在80年代初结了婚。后来他又听说富军和村里两三个青年还在打光棍，便嘱托三弟晓川跑腿，于2002年和2004年先后成亲，组建了各自幸福的家庭。

1981年10月，沙峁镇杨家渠村村民杨茂堂的儿子杨富荣应征报名参军，体检时全身健康状况良好，唯有耳朵根部长了一颗小小的良性肌瘤，被医生鉴定为"不合格"。当年沙峁镇征兵体检异地复检就在马镇公社医院进行，入伍心切的杨茂堂、杨富荣父子上门找到本村书记杨茂林，杨茂林当即给时任神木县马镇公社党委书记的妹夫刘晓峰打了"告急"电话。刘晓峰得知情况后，经与前来接兵的部队首长和体检医生共同研究，认为不受影响，同意通过体检，杨富荣因此顺利参军。

2011年6月，沙峁镇党委书记毛晔、镇长白玉任职期间，在全镇开展了"捐资助学"活动，动员沙峁籍的企业家和社会各界捐资，以改善本镇办学条件，发展教育事业。刘晓峰得知后，踊跃参加，慷慨捐资50万元。

刘晓峰为家族办事是全方位的。刘家畔刘氏一族分布在周边刘家

踏勘刘家畔建设项目（2003年）

峁、黄家塔、半坡、刘家圪坨和刘家畔等五个村子，至今人口有1000多人。村志、族谱是社会的缩影，一个村庄、一个家庭的发展变化，可以折射出社会的发展变化。

为了记载刘氏家族的繁衍变迁历史，明世系、序长幼、辨亲疏以及继承和发扬刘氏良好的家风家训，2015年开始，刘晓峰动员刘氏家族搜集和整理有关资料，开始编纂《刘氏村志族谱》，他亲自担任主编。经过几年的努力，于2018年4月正式出版，并于同年5月1日在刘家畔村举行了隆重的发行仪式。

《刘氏村志族谱》分为村庄概况和发展、世系族谱、人物简介、各村人丁名录、附录等几个部分。刘晓峰的好友刘佩瑜作词、马正川谱曲专门为志书谱写了《刘氏族规家训》歌；收集了中华刘氏祭祖词、家规族歌等资料和他本人从医的中医药处方，具有鲜明的特色，充分反映了刘晓峰寄希望于刘氏家族兴旺发达的良苦用心。陕西省委原常委、省纪委书记李焕政为《刘氏村志族谱》作序。

刘家畔村坐落在山石畔上，海拔1200多米，全村人均山地约3.5亩，坝地极少，无半分水地，山地大都分布在支离破碎的丘陵沟壑区，常年干旱少雨，广种薄收，农业生产条件极端落后。

由于地处山区，交通非常不便，村庄东面的一条山路是通向外面世界的唯一通道，坡陡路窄，人畜通行十分吃力。历史上本村人吃水也是到一里多远的黑石岩和柳树塌驴驮人担。尤其是通往黑石岩的道路布满活动的石块，又紧临石崖，崎岖难行，人畜行走极不安全。

为了改善这种恶劣的自然条件和生存环境，解决村庄的实际生活问题，从2013年起，刘晓峰和长子刘支堂多方联系，为刘家畔村庄的基础设施建设，村里的种地、道路建设和吃水问题，寻求组织上的支持、经济上的援助。在他的不懈努力下，问题终获妥善解决。

2003年，刘晓峰协调神木县建成了乔河沟大坝，大坝一侧修通道路3里，两次共投资400多万元。乔河沟位于刘家畔村的西南，是村庄

《刘氏村志族谱》发行会（2018·刘家畔）

通往沙峁和贺家川的便道，大坝建成后不仅方便了出行，还可以蓄水防洪，解决部分农田的灌溉问题，一举多得。

2013年，神木县政府和榆林市水利局等有关部门投资280万元先后建成了官王塌沟水源坝和沙坪塌沟水塔（2016年建成）。其中官王塌沟水源坝投资160万元，沙坪塌沟水塔投资120万元，从此解决了村民的吃水问题，比邻村提早三四年吃上了自来水，结束了有史以来人畜饮水靠人挑畜驮的历史。

建设沙坪塌沟水塔时劈山填沟造成坝地200亩，使全村160个农业人口人均坝地达到8分。坝地能旱涝保收，坝地的建成为村民的粮食安全提供了根本保障，坝地成了刘家畔村民世世代代的洞天福地。

2013年至2018年，刘家畔建成通村公路近20公里，总投资1500多万元。其中2013年建成孟家墕至刘家畔道路3公里，投资280万元；2016年建成刘家畔至杨家畔道路2.6公里，投资220万元；2018年建成乔河沟至白云山道路6.3公里，投资73万元；2018年建成白云山经王家峁至九洼道路4公里，投资308万元。

这些道路为水泥路面，宽度均在4米以上，两边边沟和护坡一律按规划标准建设。此外还投资30万元加宽和硬化了刘家畔至官王塌沟的沙砾道路3公里。道路建设极大地方便了村民的生产生活，为村民的致富创造了重要条件。

在政府解决了基本农田、吃水和交通问题后，刘晓峰个人出资解决本村的生产和生活用电，造林绿化，整治村容村貌，实施村庄硬化、亮化、绿化、美化等工程。先后栽松柏等树种2万多珠，投资近百万元；安装路灯、院落照明灯100余盏，个人捐资购买变压器一台；硬化全村公行道和入户路面两公里，投资数百万元；栽种风景树、种花草投资80万元。在他的带动下，各家各户踊跃投劳、出资，协助村庄建设，整修自己的家园，不到两年，村容村貌还有人们的精神面貌都焕然一新。

如今的刘家畔村，进村公路四通八达，生活和生产实现电气化、机械化，夜晚灯火通明。家家户户用上了自来水，水泥路面通到了家门口，村庄和道路两旁栽上了各种树木花草，绿树掩映，鸟语花香，已然变成了一个吃穿不愁、环境优美的宜居乡村，刘家畔村由偏僻贫穷变得美丽富饶。

五

修建新院

按旧中国人的传统，人们富裕了通常会买田置地，修建宅院。民国初年，刘晓峰的爷爷辈弟兄二人不惮劳苦，创下家业，修建了上下两座四合院，名噪一时。勤劳致富是刘氏家族的家风，而修造宅院也成为刘晓峰家的传统。退休后，刘晓峰有了宽裕时间，首先对老宅在完全保持原貌的基础上进行了全面的修缮，新盖了几间平房，使年久失修的旧房焕然一新。

2016年，刘晓峰萌发了在老家再造一处新院的想法。这年年底，他聘请了榆林古建筑设计师秦发荣回到老家实地勘察了现场并测定了具体位置。新院位于旧宅院的右下方，宅基地经填沟夯土整地成形。2017年农历二月初二动工修建，同年的11月18日竣工。

整座院落坐东北面西南，从布局上看呈"吉"字形，是二进院，由主院和偏院组成，占地近3000平方米。主院为硬山顶五脊六兽砖瓦房，砖混木结构，正房上下两层各11间，开间3.3米，进深11.6米（包括走廊）。

一层东西各带一间耳房，地下是储藏室，混凝土结构。由筑室内楼梯上楼或进入地下室；厢房东西各6间，每间面积约26.4平方米；大门东西各5间偏房，每间面积约15平方米。总建筑面积2600平方米。

西侧的偏院比较简陋，一层建有5孔窑洞，抱厦、棂子门。通过拱形满月门进入，是客人居住或堆放物品的所在。

刘氏新院规模宏大，设计精巧，工艺精细，有明清北方传统民居建筑的独特风格。

全院房顶、梁、柱、檩子、椽子、飞檐、栈板采用纯木架构，用料一色采用进口加拿大花旗松。正房一、二层九道梁木屋架结构，中堂主梁直径80厘米，檩子直径30厘米，椽子直径10厘米。

走廊屋檐为"三步踩"榫卯结构，露明柱共12根，一、二层及偏院屋檐下垂花挂栏浮雕花板，用料为进口俄罗斯椴木，装饰勾连万字和麒麟、萱草、锦鸡、葡萄等吉祥图案，有富贵不断头、多子多福的含义；12根柱距镂空雕花板也采用进口俄罗斯椴木，纯手工雕刻，装饰图案有：连年有余、喜上眉梢、鹿鹤同春、五福捧寿、石榴宝瓶图（四季平安）。

雕刻图案狮子、神鹿、锦鸡、青云、石榴、葡萄等，取屋舍平安、平步青云、禄在其中、多子多福等吉祥寓意。桃是长寿的象征，鱼和"余""裕"谐音，象征吉祥富裕、连年有余。

一、二层走廊石栏板选用本地绥德优质石材，装饰浮雕有岁寒三友、鸳鸯戏莲、喜上眉梢图案。一、二层正房墙面加装砖雕福禄寿喜财浮雕，厢房山墙装饰四块大型砖雕，内容分别是二龙戏珠、花开富贵、松鹤延年及溪山行旅图。

新院围墙是青砖墙面，青瓦盖顶，高2.4米，全封闭，坚固结实。内外墙面装饰莲花牡丹、八仙过海、婴戏图、丰饶多福、生产作坊等数幅砖雕。

俗话说"宅以门户为冠带"，刘氏新院大门向东偏南，开在东南角意为"抢阳"。大门样式是常见的民居起脊式，五脊六兽仰合瓦。顶部平脊两头是箭巴兽，中为凤凰戏牡丹，檐头四角各蹲一个抿嘴兽。

新院大门从影壁池到门庭是大院最为精彩的部分，设计和工艺都十分精巧，蕴藏了卓尔不群的木雕、砖雕和石雕艺术，使门的建筑富于变化和灵气，它也隐含了中国古老的传统观念。

影壁墙由东西南房的山墙和大门及进院满月门包围，聚气、聚财。四周墙壁装饰吉祥如意、花开富贵、状元及第图、江南春色、梅兰竹菊以及门神尉迟恭和秦琼。影壁池的影壁墙正面和背面的大型砖雕分别为福禄寿三星图和四季平安图。

大门里外有联，时人评价此联之境界，体现出主人正统的儒家思想。大门正面门联：积善门中生贵子，读书堂内出贤人。码头石（底座墩子）装饰镂空麒麟彩云，缠腰码头为萱草门楼式浮雕，上为圆雕蝠（福）捧团兽（寿），再上为蝙蝠衔铜钱的浮雕。内联为：兴家实业祥和瑞，旺盛门第四季春。上下部位装饰类似雕刻图案。

院门门槛外、大门内的青石料抱鼓石在大门的底部，左右各一个，起到支撑门框、门轴的作用。抱鼓石由一块整石雕刻而成，底座覆盖锦旗，鼓面雕刻锦鸡牡丹、鸳鸯莲花等图案。两个抱鼓石上各蹲着大小五个狮子，顶端的两个大狮子左为母右为公。狮子威武勇猛，有狮子守门含定会屋舍平安的寓意，同时"狮"和"嗣""事"谐音，表示事事如意、子嗣昌盛、阖家团聚的祝愿。

抱鼓石，虽然是一块小小的石头，但却被赋予了丰富的文化内涵，它与门户建筑一起被用于彰显主人的身份等级和往日的荣光。抱鼓代表战鼓，战鼓上蹲立狮子，旧时一般在武将家庭用。箱形代表书箱，文官家庭通常是箱形门墩上立有狮子或兽吻。官级高低看狮子的发髻，一品官员13綹，依次递减，7品7綹。这是旧时的习惯，当今社会每个家庭都不乏能文能武之人才，等级观念也无须严格区分。

门楣，即门框上的横木。刘氏新院门楣下方的雕花板里外均以宝瓶和莲花为图案，雕花板两端刻有"福禄骈臻"和"惠风和畅"字样；上方门隔板的雕刻艺术与建筑装饰生动地体现了北方民居的风格，是时代、民族和区域文化形态的生动体现。正面门隔板是满幅花开富贵浮雕；背面浮雕是万里长城图配伟人毛泽东的《沁园春·雪》一词，用毛体书写，彰显了主人的革命情怀和对领袖的怀念崇拜。

刘氏新院木材用料选用松木、椴木等木材，坚硬而细腻，易于雕刻装饰，大多不上油漆，仅涂以桐油，以充分表现木材的平色柔和及年轮木纹的自然美。

六

溘然长逝

刘晓峰一辈子生活简朴，粗茶淡饭，不喜肥酒大肉，除了爱好抽烟，没有别的不良嗜好，生活有规律，于他的身体极有益处。他从青少年起就为生计四处奔波，艰苦的环境和生活练就了他强健的体魄。他很少生病。

80岁以后，他仍然精神矍铄，他自信他还能干五六年，每天起早贪黑，为企业操劳。然而，岁月不饶人，就在他擘画更加宏伟的蓝图，事业蒸蒸日上的时候，病魔悄悄侵蚀着他的身体。

2019年7月底，刘晓峰感觉身体不适，在西京医院仅输了几天液，情况稍有好转。半月后再次住进医院。经诊断，医生告诉了家属刘晓峰的真实病情并拿出治疗方案。

己亥末庚子初，一场突如其来的疫情席卷中国大地，加之临近年关，他出院回榆林和家人团聚。

2020年农历正月十四，在榆林市财政局家属院大儿子家里，刘晓峰的病情不容乐观。得知自己已经身患重疾，生命进入倒计时，他万念俱灰，平生第一次发出了绝望的哀叹！然而坚强了一生的他仍然放不下自己苦心经营的事业，当晚12时至次日早晨5时他坚持让家人从榆林开车到樱桃巴塄林场，看望了他心爱的地方最后一眼。

正月十五日，他住进榆林市第二医院，正月十九晚上9点又从榆林出发坐车，次日到达北京住进解放军总医院（301医院）。

经北京的专家进一步确诊，他患的病属"肉瘤样癌"，患病率为百万分之一，是一种恶性肿瘤。住院治疗期间几个儿子自始至终陪护左右，伺俸饮食起居。

疫情下的京城，道无舟车，万巷空寂。

进入农历二月，他时而清醒时而迷糊，初六清醒时跟大儿子说了很多话，安顿了许多事情。后一直处于昏迷状态，再也没能苏醒过来。初七上午，上午10时49分，北京301医院，一颗坚强的心脏停止了跳动，一个智慧的大脑停止了思考，一位最美奋斗者从此终止了脚步。带着对家人、对亲朋好友、对他为之奋斗一生事业的依恋和不舍撒手人寰，告别了这个世界。

噩耗传出，亲朋好友不胜哀恸。农历二月初十，灵柩回到老家神木刘家畔村，老同事、老部下、老领导、亲朋好友、干部群众前来吊唁，送花圈、花篮和挽幛，表达悼念之情。但由于疫情的缘故，出殡时间一再推迟。3月初，在党中央的坚强领导和全国人民的大力支持下，疫情保卫战进入决战决胜阶段，但刘晓峰家属仍精心安排，丝毫不放松对疫情的防控，整个治丧活动有条不紊，未出任何差池。前来祭奠的人达万人之多，不少人来过不止一次，最多的来过七八次。一些年岁太大、行动不便的老同事、老朋友、老领导委托其子女前来吊唁。

吊唁人群涉及陕西、甘肃、宁夏、山西、内蒙古、广东、河南、北京、成都、西安等10多个省市。中共榆林市委、榆林市人民政府，中共神木市委、神木市人民政府等地方党政机关送来花圈。

送来花圈，发来唁电、挽联和挽诗的县处级以上领导有：马铁山、李焕政、洪峰、庄长兴、韩亨林、刘生杰、唐晓明、马奔、付志芳、李凤扬、周一波、施润芝、张智林、邢解放、王忠民、崔来宝、万恒、刘买义、张宇等200多人。

2020年5月17日（农历四月二十五日），刘晓峰同志家祭仪式在神木刘家畔村举行。灵堂设在刘晓峰当年出生的院落，院子里摆满了花圈、花篮、挽联和挽幛，简易的灵堂由洁白的幔帐和松柏枝条装饰点缀，庄严肃穆。

中央安放着被鲜花簇拥的灵柩，后幔正中悬挂着巨幅遗像，两侧灵柱上的三副挽联概括了他的生平与功德：

丙子春，红军东征日，忆公生乎贫寒，惠民从政乎乡县地省。翠苗盈盈，农场创新，黑金灿灿，煤山擘画，散财非止修

庙厦，实为修心修德修青史

　　庚子初，华夏战疫时，悼公泽于后世，言传身教于朝夕冬夏。音容历历，言谈阔若，余热灼灼，故土传情，莫怀更当继遗志，所贵继言继业继英风　（李焕政撰写）

　　丙子春，刘公生，红军适东征。家贫知世早，少小长成，教书育人。转仕从政乡县地省，出成绩，惠民生，勤政廉明范子孙。叶落归根，美名留三秦

　　庚子初，公仙逝，华夏战瘟神。犹还乡创业，发挥余热，农场育苗。初创煤矿笃定乾坤，修庙观，佑乡民，刘家大院留后人。子嗣满堂，忠孝传千秋　（牛耒撰写）

　　生于乱世，东方欲晓；任劳任怨，辛勤耘播；善良宽容，惠亲朋好友

　　老骥伏枥，再攀高峰；无私无畏，开拓奋进；仁爱厚德，泽子孙后代　（崔来宝撰写）

　　好友张宇作《悼刘老先生》七律一首：

　　我与刘老先生忘年之交20余年，感情甚笃。刘老重病因疫情所困，憾未能至病榻前探视。然日夜翘首祈盼康复。2月29日噩耗传来，不胜悲恸。叹春节前促膝而叙竟成永别。回首往事，历历在目。情涌笔端，寄托哀思。

　　　　　　身居乡野忧庙堂，
　　　　　　家国情怀继世长。
　　　　　　举贤谏言勤为政，

垦荒植绿谱华章。

造福桑梓一腔血，

中兴家道两鬓霜。

风雨人生谁论定，

英名自有百姓扬。

上午10时家祭仪式开始，仪式由原中共横山县委书记、陕西省山川秀美办公室副巡视员刘买义主持，原陕西省政法委副书记邢解放介绍刘晓峰同志生平，刘晓峰长子刘支堂恭读祭文。之后全体人员向刘老遗体三鞠躬，人们怀着沉痛的心情与这位世人敬重的恩公做最后的告别。

祭文是刘晓峰同志人生的全面概括和诠释。全文如下：

时维公元2020年4月11日，农历三月十九日巳时，致祭男刘支堂偕儿女子孙泣叩：

谨具香烛纸帛，时馐清酒，致修祭于弃世之慈父刘公驾鹤西游，享年85岁之灵位前，泣血以文：

呜呼！

吾父刘公，名讳晓峰，一九三六年农历三月十八日生于神木沙峁镇刘家畔村贫苦农家。姐弟五人，姐长弟幼；兄弟四人，家父为兄。从小聪慧，读书用心。一九五四，榆师学成。毕业从教，立志乡村；跋山涉水，风雨兼程。辗转奔波，备尝艰辛。刘家湾里，刘家坡下，马镇合河，处处育人。从事小教，费尽精神；为人师表，远近称颂。一九六〇，担任校长；太和寨中，桑塔小学，小保当里，默默耕耘。一九六三，工作调动，瑶镇公社，党委有名；学区校长，责任更重。一九七五，截至八三，先后为政，一心为公。曾经担任：马镇公社革委会副主任、党委副书记、管委会主任、党委书记；一九八三年冬调任神木县外贸局局长兼外贸公司经理；一九八五年调入榆林地区畜产公司常务副经理；一九八七年任榆林地区经贸委副主任兼榆林地区驻西安办事处主任，党委书记兼行署副秘书长。一九九七，光荣退休。父亲一生，教书育人；兢兢业业，忍辱负重；为人师表，垂范后生。父亲一生，为政奉公，严于律己，宽于待人；为人刚正，爱憎分明；举贤荐能，乐于助人；仗义执言，豁达热情；古道热肠，悲天悯人。退而不休，夕阳正红；荣归故里，不忘初心；身居乡野，心忧庙堂；艰苦创业，回报乡邻；林商工贸，无所不成；通水通电，修路架桥；艰难困苦，玉汝于成；扶危济困，奋不顾身；身怀桑梓，方得始终。创办农场，率众脱贫。植树种草，绿化山林；喂猪养羊，奉献人民；造福社会，功德无限。二〇〇二，再获殊荣：被国家评为"中国十大植树造林先进个人"。荣誉等身，令名遐迩；参观访问，纷至如云。上有国家政要，下有黎民百姓，无不为之称颂。央视陕视，纷纷报道，榆林传媒，义不辞荣；陕西日报、榆林日报，多次采访，关注引领。树立榜样，激励后人。父亲一生，生活简朴。鞠躬尽瘁，执着忘吾；励精图治，足智多谋；德佑子孙，名垂千古。

呜呼！遥想父亲一生，令人哭断喉咙。父母同庚，十五成婚。夫妻相依，伉俪情深。生有七子，悲苦吃尽；五男二女，操碎精神；历经磨难，贡献无穷。遥想当年，祖父仙逝；慈父十九，幼叔怀抱；家庭重担，与祖母同挑。长兄为父，护姐抚弟；供弟读书，无怨无悔；三个叔叔，学有所成，立业成家，皆父所为。关爱侄辈，视同己出；不辱遗命，风雨不惧。为人之子，尽心孝敬父母；为人之夫，呵护爱怜妻子；为人之父，呕心抚育儿女。辛苦酸楚，有谁相怜。夙兴夜寐，只为儿女成长；呕心沥血，唯盼学生成才。苍天保佑，幸喜儿女争气，俱各立业成家，不负父母期盼。儿女成家，都是父母功勋；孙儿满门，家族后继有人；孙儿绕膝，正是承欢之时；其乐融融，好不令人羡慕。苦尽甘来，应享天伦之乐；天妒英灵，谁知疾

刘晓峰去世一周年，亲朋好友冒雨上山祭奠

病缠身；岁次庚子，猝然蔓延疫情；赴京抢救，奈何良医束手；百治无效，含恨驾鹤西行。慈父于公元二〇二〇年二月二十九日（农历二月初七）上午十时四十九分病逝。顿时天崩地裂，令高堂老母白发哭夫，使孝子贤孙痛失佑祜。留无限伤悲于儿孙，夺千古孝情于当今。哭尽血泪，灵山遗梦。月碎一地，乌啼三更。黄泉路上，谁为亲朋？松柏有情，送父一程；从此一别，天地无情。呜呼哀哉！呜呼哀哉！撕心裂肺，草木毁损。

呜呼！唯吾慈父，品德贤良；待人接物，思虑周详；操持家务，一生奔忙；克勤克俭，处事有方；任劳任怨，有功不扬，教育儿孙，行动影响；上下和睦，四邻敬仰；对待亲友，温良恭让；孝敬父亲，唯恐有伤；爱护儿孙，如珠在掌；编修族谱，不忘祖上；功高德厚，应寿无疆；皇天不佑，好人先亡；亲朋闻讯，飞泪悲伤；父子永别，天地茫茫。

呜呼吾父，勤劳一生；养儿育女，奉献无穷；一旦辞世，儿孙谁疼；念兹在兹，英容难寻。黄泉路远，有谁伴慈父远行；苍天无情，为何夺儿孙孝情；矜矜吾心，盼高堂驾鹤成仙；悠悠我情，愿慈父升天为神。谨遵遗训，孝子贤孙团结和睦；不忘教诲，兄弟姐妹骨肉相亲。继承父志，未尽事业后继有人；孝敬慈母，晨扶夕护不减赤心；自强不息，发扬光大慈父精神。愁影漫飞山河碎，悲泪遍洒草木损。从此要见慈父面，除非南柯梦三更。明月有情，忍看慈父远去；黄花洒泪，哭送先严成佛。痛定思痛，望慈父一路走好；悲中续悲，祝家父早登仙境。纸短泪长，此情何殇；泣血凭吊，聊表衷肠；略备时蔬，供设灵堂；吾父有知，前来品尝。

呜呼哀哉，伏惟尚飨。

七

先生之风　山高水长

刘公匆匆地走了，仿佛遥远了那惊心动魄的峥嵘岁月，消逝了这悲喜交集的人生。他留下太多的辉煌和太多的遗憾回归了大地，带着太多的赞美和苦涩走进了永恒！

先生已去，风范长存。细数和盘点刘晓峰的一生，其坎坷、充满挑战、波澜壮阔和富有传奇色彩的一生无不镌刻着时代的烙印，闪耀着政治信仰、拼搏精神、智慧人生和为民情怀，崇高的精神风范熠熠闪光。

一是坚定的政治信念。刘晓峰一生走过了新旧两个社会，经历了战争岁月、社会主义革命和建设以及改革开放几个历史时期。

他出生时正值革命浪潮风起云涌，他的一家捐献了全部家当，跟着共产党闹革命。家庭和老区人民革命精神的熏染使他从小懂得了革命道理，赓续一脉红色基因，逐步树立起坚定的共产主义信仰。

从榆林师范毕业后，他将自身命运与党的教育事业融为一体，勤工俭学，发展教育，夙夜在公，默默耕耘。1958年8月，他在教育岗位上光荣入党，从此他找到了人生最重要的目标，明确了奋斗的方向。听党的话，践行党的宗旨，为人民服务，为大多数人过上好光景而奋斗，成了他终生不变的世界观和价值取向。

担任公社领导以后，他勇挑重担带领广大干部群众战天斗地、整山治水，为山区群众摆脱贫困生活殚精竭虑、鞠躬尽瘁。改革开放为他提供了更为广阔的舞台，他敢为人先、勇立潮头，争当改革开放的"弄潮儿"，为神木以至全区经济发展做出了卓越贡献。

特别是退休以后，他宝刀不老、志在千里，以气吞山河的气势承包10万亩荒沙，决心改变家乡的生态环境。之后，响应党的号召与央企合作，积极参与国家混合制能源企业发展，为创建国家绿色、环保能源经济和国家能源安全添砖加瓦。

他一生忠于党、忠于人民，他的一生是信仰给予他无穷的力量，信仰铸就了他坚忍不拔的意志。纵观刘晓峰在各个岗位上所取得的一个个成绩，不仅是他不甘平庸、砥砺前行的记录，更是一首跟共产党走，与时代同呼吸共命运、同频共振的铿锵壮歌。

二是顽强的拼搏精神。刘晓峰的一生是勤劳的一生、顽强拼搏的一生，可谓"生命不息，奋斗不止"。他决心大，能吃苦，秉承了勤劳致富的家风。

他5岁时就在刘家坡外婆家跟着大人劳动，稍长跟随父亲跑县城、到高家堡，走山西、过黄河赶脚学做生意。艰苦的环境培养了刘晓峰顽强拼搏，不怕吃苦、乐于吃苦的优秀品质，这种品质成了他日后成就事业的精神法宝。

在宫泊学校时，国家正处于困难时期，他发动群众创修土坯窑洞。勤工俭学，以身作则，带头劳动，改善办学条件。

在马镇公社开山修路、大搞农田基建，他都是一马当先、勇挑重担，和群众一样参加劳动，晴天一身汗、雨天一身泥，吃大苦、流大汗，奋战在第一线。"红军二万五千里长征才叫苦，我们现在这点苦算什么？"是他经常说给大家的一句话。

在神木外贸局和榆林地区驻西安办事处工作期间，为了工作他度过无数个不眠之夜，经常是夜以继日，废寝忘食，或运筹帷幄，或奔走在产品收购和销售的旅途上，他那创业、敬业和咬定青山不放松的精神让所有人折服。

采兔沟林场创业伊始，他更是战严寒、斗酷暑，风餐露宿，克服重重困难，用五根木椽撑起绿色梦想的一片蓝天，受到所有人的称赞和敬仰。

刘晓峰一生十分俭朴，即使在他十分富有的时候仍然精打细算，不愿意浪费一分钱、一粒粮。在公社工作时，他办公室的柜顶上经常放着干馍片，工作到深夜饿了，拿出来吹吹上面的灰尘，咬上几口喝点开水，哄哄肚皮，权当一顿晚餐。

后来条件改善了，吃的饭菜除了招待客人，自己平时就一碗面条，就点咸菜，好一点也就一碗肉菜一个馒头带米饭。四菜一汤在他看来大可不必，是一种浪费。

他看不惯并反感社会上的奢靡之风，时常告诫自己的子孙后代，要不忘艰苦创业的祖先，要终生厉行勤俭节约。

2014年，有一次他和司机去西安办事，回来走在延安的圪崂已是中午时分，到了饭点。他让司机下车问了一下菜拌面的价格，一碗25元他觉得太贵，给司机说咱们再走一程，碰到实惠一点的再吃，结果一直回到榆林还是没遇见他们合适的饭菜。

至于穿的衣服，刘晓峰更不讲究，一件衣服穿三五年。一辈子喜欢穿中山装，觉得严谨、得体。在基层工作期间，他时刻保持着艰苦朴素的作风，坚持和大家同吃同住同劳动，不搞任何特殊，永葆普通一员的本色。

三是充满智慧的人生。刘晓峰足智多谋、善做善成，尤其熟悉经济工作，一生创造了多个辉煌。他的晚年，达到事业的巅峰，是他人生最为辉煌的高光时期。

刘晓峰的个性独特而鲜明，充满智慧。他思想解放、意识超前，凡事着眼于大局和长远；谋划周全、善思善断，思维敏捷，思路清晰；做事沉稳、注重细节，方法步骤、拿捏有度；敢闯敢干、敢为人先，迎难而上、行动果敢；言谈阔若、能高能低，亲近民众、谨守仁爱。他的某些思路和决策往往在大多数人看来无法理解，但实践证明是正确的，随着时间的推移变成了现实。

原林业部三北防护林建设局局长李建树说他："不整人、不害人，有事商商量量，道德品质好，有才华，德高才溢。工作宏观上能想大事、干大事，既干一件事就决心要把它干成。事业有成。"

原中共榆林地委书记李凤扬评价他说："刘晓峰是一个好同志、好党员、好干部。事业性强、团结同志、对人热情、公正廉洁，热心于公益事业。改革开放后能跟上形势，头脑清楚，点子多、办法多，想办事、能办事、会办事、办成事。"

刘买义说："刘晓峰的一生，就是一本教科书，他既有坎坷，也有辉煌。他的人品、他的智慧、他的担当、他的精神，值得我们永远学习。"

焦调瑜说："刘主任敢于承担责任，办实事。公道廉洁、一身正气，与群众关系好，不计较吃住。乐于助人，培养了一批年轻干部。"

他的智慧来源于孜孜不倦的求学精神和本人坎坷的人生历练。

理论上糊涂，行动上必然是盲目的。刘晓峰注重学习党在各个时期的路线、方针、政策，深刻理解文件的精神实质，在认真贯彻落实、把握大方向的基础上，能予以创造性的贯彻执行，逢山开路、遇水搭桥。

他还不断地问计于民，躬身入局，虚心向人民群众学习，尊重科学、尊重知识，总结在工作中正反两方面的经验和教训，不断地提高自己。他的一生是不停思考、不断探索、不懈奋斗的一生。

在宫泊小学任校长时，他大胆实践，首创土坯修建窑洞，解决了因校舍不足学生上学难的问题；他抓住机遇，争取到瑶镇办起神木县第一所林业高中。改革开放初，他在马镇公社破天荒办起全县第一家"农民服务部"，为群众农副产品找到了出路。在合河驻队时，他建成几百亩坝地，一次性永久解决了农民的口粮田。他还在瑶镇和马镇公社大力开展科学种田，大幅度地提高了粮食单产。

担任神木县外贸局局长和地区畜产公司经理期间，他大胆经营绿豆和羊绒毛生意，在全区第一家开展跨区、跨省外贸经营活动，迅速打开外贸局面，为地方财政收入做出巨大贡献，一时出现"刘晓峰现象"。

他在西安办事处工作时，精准把脉单位症结，抓住"牛鼻子"，兴办企业、拓展业务、减亏增效，深化改革、提升服务、安排就业，并修建了职工家属院。特别是为榆林经济发展、神府煤田开发、大项目的上马牵线搭桥，做了大量工作，使这一时期西安办事处成为历史上发展最好的时期。

书籍是人类进步的阶梯。刘晓峰具有较高的文化素养和理解能力，读书是他的终生爱好，通过博览群书汲取前人身上的智慧和营养，尤其以伟人和英雄模范人物为榜样，激发创业动力。在他的书架和床头上经常摆放着多种古今中外人物传记、《历代明臣明相》《中国历史》《世界简史》《断代中国史》《政治读本》《文史资料》《智谋大全》《国学典藏书系》《鲁迅经典》《将帅名录》等，还有《性格决定命运》《细节决定成败》等创业丛书，其阅读范围之广、层次之高略见一斑。

他能把书本上反映出的前人好的做法和经验，结合实际加以消化、吸收，在鉴别的基础上加以运用，变为自己创业办事不竭的动力。他喜欢和别人攀谈，善于观察和学习每个人的长处，取人之长补己之短。

在几十年的工作中，从教育界到党政机关再到政企合一的单位，他凭借自己的智慧成功实现从教育兴国、农村改革到城市改革的华丽转身。退休后，他创办绿色产业，积极与国有企业合作，使家族企业从此走上持续、稳定的发展道路。

这一切都得益于他的政治思想觉悟和超人的谋略智慧。

四是博大的为民情怀。刘晓峰具有真挚博大的为民情怀，是个大德、大度、大贤、大义、大爱之人。大德，身居乡野，心忧庙堂。虽为普通干部，言必谈国家大事、地方发展。尝以身许国，身体力行。他交往的人上至高级干部，下至平民百姓，为大多数人谋福祉是他一生不变的情怀、不懈的追求。缘于此，他谋事办事，以民为重；缘于此，他一生不惮劳苦、殚精竭虑、励精图治，教农工贸，无所不成。

大度。他胸襟宽广，与人为善，宽于待人，既往不咎。在神木县外贸局局长任上，他以事业为重，能知人善任，各得其所。对前任局长和业务科长做出合理安排，充分肯定他们的成绩，十分尊重他们在单位的地位和作用；对到任时不配合工作的几位职工，他从团结的愿望出发既往不咎，摒弃前嫌，以德报怨，委以重任，以至后来成为肝胆相照的朋友，他的大度和胸怀深得人心。

他总是说："对同志、对亲朋好友不能因为一句话、一件事就斤斤计较，不再往来，这是不成熟的表现。"他是这样说的，也是这样做的。

大贤。刘晓峰严于律己，清正廉洁，高风亮节，率先垂范。举贤荐能、重视人才培养是刘晓峰为人的一大特点。他爱才识才，善于大胆地使用人才，通过观察和工作实践来发现一个人的长处和不足，总结出他的特点缺陷。不论在单位还是在亲戚朋友之间或者社会上，只要他觉得是人才，他会主动找你，力荐提携。

大义。刘晓峰顾全大局，义薄云天，仗义疏财，情系旧部。当政府建设瑶镇水库征用采兔沟林场，个人利益遭受重大损失时，他以大局为重，丝毫没有为难。地区畜产公司改制后职工收入大幅度下降，不少职工生活没有着落，无法保障，就连离休干部都按月发不上工资。他从西安办事处回到榆林，带上钱物逐门逐户登门拜访，嘘寒问暖，主动帮助他们解决子女就业等重大问题。

退休后他每年都要邀请榆林和神木的老同事、老领导和老好友聚餐，询问家庭生活困难，并倾力相助。一些因病或年事已高行动不便来不了的他都登门拜访，送钱送物。

2000年左右，他把西安办事处的老部下全部召集在一起，并通知领上家属在一起吃饭。饭场上他给每位家属一万元钱。他说："退休后我在生意上赚了一点钱，过去大家对我在工作上支持不小，包括家属在内。我是一个重感情的人，这是一点心意。以后你们谁有什么困难一定告诉我，我在力所能及的情况下帮助你们。"在场的人听了无不感激涕零。

在他工作过的每个地方和单位，凡是有婚丧嫁娶的事，他从不缺席，自己不能去的也要委托子女到场。樱桃巴塄所在的几个村庄里的大小事他都设法参加，红白事务上，凡有用车、用人、用钱的时候，他全力以赴。在马镇公社搞农田基建时不幸发生人身伤亡事故，他连夜赶到村里，在每位亡者灵前焚香点纸、跪拜悼念。

2011年，好友贾育才病重住院，他闻讯第一时间赶赴医院，探病问视，送钱送物，谆谆叮嘱。好友去世后，他又受家属之托主持大局，帮助安排后事。2013年8月好友刘壮民去世，他闻讯后不胜悲恸，走到刘壮民老家菜园沟村的坡底下就开始放声痛哭，声泪俱下。他们是结拜弟兄、孩提之交、患难之交，在半个多世纪的交往中结下了深厚的友谊。

凡是在困难时候帮过他的人，刘晓峰都以一生相报，切实做到"滴水之恩，涌泉相报"。

大爱。刘晓峰一辈子爱穷人，古道热肠，行好向善，乐于助人，见好事就办，见困难就帮。在宫泊学校和瑶镇公社工作时，他坚持数年为村民义务看病，义务理发。在神木县外贸局工作时，为家在农村的几位领导和职工解决住房问题；在西安办事处创办企业安排100多名职工家属和子女就业；"砸三铁"时，坚持人人参与承包企业，他不放弃一个职工，不让一个弱者在致富的路上掉队。

创办采兔沟、樱桃巴塄两处林场，他和所在队和谐相处，大到帮助村里跑项目、要计划，小到调解民事纠纷，婚丧嫁娶连车带人给予无偿服务。

瑶镇乡党委委员、黄土庙村党支部书记郝连生病重期间他亲自探望，去世后又亲自料理丧事。采兔沟村党支部书记赵生发患病，他几次看望，联系医生诊断治疗，去世后嘱托三弟亲临现场悼念。瑶镇乡黑龙沟村党支部书记刘云刚的父亲刘福牛（当年任村主任）、乔东沟村党支部书记乔鸡换患病时都由他一手安排治疗。原因是他曾经在瑶镇工作多年，对这里的人感情深厚。

他自己捐资修缮了小白云山祖师庙、本村观音庙和张王庙等三处庙宇，并负责几处庙会期间的吃饭等所有开支，共投资350多万元。为本村协调、规划、建设两座大坝、四条公路，拉水、架电、绿化、平整土地，使昔日偏僻落后的小山村变成了美丽富饶的新农村。

他介绍本村和周围几个村庄的100多名剩余劳力在自己的林场和企业打工，解决家庭困难。他还亲自张罗为本村几位大龄青年娶妻成家，帮助这些困难户走上康庄大道。

阎家堡姑舅侄儿弟兄两人发生借债纠纷，他主动借钱给一方（等于给钱），化解了矛盾。他把自己家里的保姆、厨师、司机当成家人，逢年过节都要相送礼品，先后给他们安排了10多个子女在自己的企业或者神木、榆林等地的国有或民营企业上班。2008年5月12日，汶川发生特大地震，他以妻子杨秀林（共产党员）的名义捐款捐物。

刘晓峰去世后，自发前来悼念的人成千上万，形成一条思念的"人河"。逝世一周年时，众多亲朋好友再次前来祭拜。上午10点左右，天空突然下起冻雨，尽管雨雪霏霏、寒风凛冽，仍然挡不住亲友们上山祭拜的脚步。他去世两周年这一天，仍有200多名亲朋好友自发前来悼念。这一切充分反映了他的社会影响、崇高威望和人们对他的认可程度及真诚爱戴。

五是良好的家风家教。刘氏家族的传统家风，代代相传的道德准则和处世方法是：弟兄同心、种养经商、勤劳致富、复兴家道、忠孝传家、广结善缘。

在曾祖父早逝的情况下，刘晓峰祖父带领弟兄两家勠力同心，从40岁那年开始，耕种、养殖、倒贩牲畜，经过18年的努力，弟兄两人每家建起一处四合院，成了当地的富裕户。

刘晓峰的父亲同样很能干，在他的大哥和两个嫂嫂相继去世，侄子参军的情况下，他继承家庭的优良传统，照例把几家人的生活重担一肩挑。第一次土改后，家里仅剩下10亩薄山地，夫妻俩连年扩大种植、养殖规模，兼做小本生意。到了1942年，光景重新好了起来。

神府革命根据地两次土改，刘氏家族土地和财物全部捐献政府，全家有7人入了党参加革命。在支持革命的同时，刘氏家族扶危济困，多次接济乡亲钱粮，赈灾度荒。合作化时刘晓峰家充公的土地达到87亩。

到刘晓峰这里，他进一步发扬光大了祖辈的传统家风，把大家庭的责任牢牢地扛在自己肩上，让子孙后代享受前人披荆斩棘换来的幸福。他的家庭责任不限于自己的小家庭，而是整个大家族。他不仅是自己儿女的家长，而且尽到了一个大家庭家长的责任，关顾了爷爷辈以下的所有家族人口的生存和发展。

中兴家道是他一生不懈的追求和责任担当。让全家人、亲戚、邻村贫困人口脱贫致富过上好日子，这就是刘晓峰的格局，这就是他不同于一般人的崇高境界。

父亲去世后，关照几个弟弟的生活和上学、就业以至结婚，成了他很长一段时间的中心任务，他的工资是一大家人生活的主要经济支柱。他以祖父、父亲及三位舅父为榜样，决心将自己的三个弟弟培养成人。三弟和四弟跟随他先后在刘家坡、刘家湾和贺川等处上学。二弟启明在沙峁上学，也在他当时就近的刘家坡学校吃饭。1958年，启明通过了招工考试，去了陕西户县余下铝厂当工人，刘晓峰完成了抚养家人的第一宗使命。

三弟晓川1960年在贺家川上初中，都是哥哥刘晓峰自己做饭吃，除了国家每月给他的供应粮外，家里带些豆颗、小米。村民送些蔬菜，加上队里给学校蔬菜地的出产，可以维持最简单的生活，这样的生活他们连续坚持了数年。

与家乡接壤的内蒙古东胜地广人稀，人才相对缺乏。后来，为了支边，他将家人陆续输送到东胜上学、就业。自己的7个子女有5个在这里先求学，后就业。三弟晓川从西北农林科技大学毕业后分配工作到了东胜，户口也从瑶镇举家迁移到伊盟，其大女儿、儿子都在这里上学、就业。四弟启维也在东胜上学、参军，转业后分配在伊克昭盟公安局、盟武警支队、盟委等单位工作，后担任武警支队政委、盟委副秘书长等领导职务，现在全家定居在东胜。他在西安工作时送二弟的女儿参军，后成家立业，安排侄儿刘崇保具体负责巴唠林场的管理工作。今天，他的这个家庭规划一步一步得以实现，本家族在东胜工作和生活的人数达到90多人，而且户户繁荣，家家幸福。实践证明他的思路是相当英明和正确的。

在教育子女方面，他要求子女首先要诚实做人、踏实做事，不忘前辈兄弟同心、艰苦创业的历史，继承艰苦奋斗的优良传统；要永远跟党走，赓续红色血脉；经商办企业应遵纪守法，始终保持和政府一致；他对虚情假意、阿谀奉承的做法疾恶如仇，在家里他也从不夸奖儿女，认为"父不夸子"；要求子女爱穷人，多做好事、善事，不害人、不亏人，仗义疏财，扶危济困；在家庭婚姻问题上，做到夫妻之间应互相忍让、理解、包容、体贴，相亲相爱，戒强势、戒出言不逊。夫妻同心，其利断金，他认为只有夫妻和睦、儿女孝顺家庭才能兴旺发达；对家庭之间关系的维护，虽有小嫌，也要化除，免启"阋墙之争"，钱物如何分配，用于何处，要讲温良恭俭让。顾念亲人之情，溢于言表，他用一言一行影响着后人。

刘晓峰还特意在刘氏新院的大门刻上："积善门中生贵子，读书堂内出贤人"的门联，提醒后人记在心中。他坚信读书是一条阳光大道，可以增加阅历和经验，提升个人的修养，知识能够从根本上改变一个人的命运，而自己在子女念书上投入不够，一定要在下一代人身上改变这种状况。他时常叮嘱孩子们要好好读书，鼓励后人从事教育和在体制内工作，并能不惜投资，付诸实施。

为了让后人发扬中华民族的传统美德，崇尚古训，牢记先贤，秉持家风，他在刘氏家谱中提出家风、家训专章，谱写了刘氏族规家训歌曲，总结归纳了"刘氏家训十四条"：

敦孝悌——孝悌为百行之首，凡为人子弟者不可泯灭天性，兹我族子孙，宜敦孝悌于一家。

睦亲族——宗族为万年所同，虽分房系支派，实源同一脉。

和相邻——相邻同井而居，出入相友，守望相助，不可相残相斗，视异族同骨肉之亲。

明礼让——礼让为处世之道，应提倡谦逊之风。

务本业——士农工贾，各有其业，业精于勤，荒于嬉，凡务其业者，宜自食其力，切勿闲游于度。

端士品——士为名之首，为官者要明礼义，隆其名，贵有其实，若荡检逾闲，不求上进，后悔莫及。

隆师道——师道为教化之源，尊师重道，正以崇其教也，宜尊之崇之。

修坟墓——坟墓藏祖先魂骸，要常整修、祭扫。

戒犯讳——子孙择名时，不得择父兄叔伯之名。

戒争讼——争讼非立身保家之道，争必有失，祸从口出，宜忍让，勿导致亡身及倾家荡产之悔。

戒赌博——赌非人生正业，一入赌场，百业俱废，人格亦轻，宜守本分，切勿贪财，害累终身。

戒淫恶——淫是万恶之源，宜检身防过，免损名节。

戒犯上——不得以卑凌尊，宜尊长敬老。

戒轻谱——家谱是一家一族之宝，应爱惜珍藏，以传后世，详悉源流，查考世系。

良好的家风是人生闪亮的坐标，永恒的财富，是守望历史家园的丰碑。"积善之家，必有余庆"，今天刘晓峰家庭里里外外40多口人，家孙外孙中出了几十名大学生、研究生，有出国留学经历的孙辈达十几人。在家庭建设上，他给自己的人生交了一份比较满意的答卷。

第八部

深切缅怀

怀念大哥刘晓峰

大哥刘晓峰离开我们不觉已有三个年头了。三年来，大哥的音容笑貌和一举一动，时常浮现在我的眼前，和大哥一起生活过的几十个春秋，所经历过的许多事情不停地涌上我的心头。

跟随哥嫂在彩林上学

在兄弟姐妹几个人当中，我是跟随大哥时间最长的一个。那是1954年的八、九月间，大哥刘晓峰从榆林师范毕业，由神木县文教科分配在神木县贺家川镇彩林小学担任教师。当年秋收结束后，我随大嫂一起来到彩林村，借住在村民贺贵仁家的空余窑洞里，开学后我随即报名在彩林上了小学一年级。

彩林是个大村庄，坐落在黄河岸边，全村有上千人，但学校并不大，教师也只有主任教师和我大哥两人。主任教师是负责人，叫王挺梁，山西罗峪口人，50多岁，大哥当时只有18岁。记得当时学校20多岁以上的学生有很多，感到很稀奇。即使在我们一年级班里也有年龄很大的学生，我是最小的一个，刚刚9岁。大嫂是临时居住，所以平时大哥既要上课、备课，又要做饭吃。大哥是个闲不住的人，学校的大小杂务都由他一人承担，还要走访学生家长。因此，备课常常要放在夜晚，加之他带的课程繁重，语文、算术、音乐、美术、体育、劳动等等，有时我一觉醒来还看到大哥在煤油灯下批改作业，非常辛苦。

　　我在彩林上学的时候，大嫂对我也是无微不至的关怀。遇到星期天，大哥在学校备课，我便和同龄的同学跑到黄河岸边玩耍。记得有一次，正玩得高兴，忽然听见大嫂的声音，在大声训斥我们："太危险了，怎么跑到这里来了，赶快往回走！"原来大嫂不见我，很着急，到处找人，最后听村民们说，才找到了黄河边。起初我很不理解，觉得既不是逃学，也不是打架，星期天玩耍是应该的。后来大嫂把情况给我大哥如实说了，大哥当着大嫂的面严厉地批评我说："你嫂子对你在河边玩耍的批评，完全是为你的安全负责，你一定要听话，不能马虎。"从此以后，星期天我再也不敢去黄河边玩耍了，而是老老实实呆在家里写字背课文。

刘晓峰舅舅家老宅外景

同甘共苦度灾年

1968年春夏，神木南乡遭遇大旱，加之上一年秋粮歉收，所以很多农家青黄不接，吃粮发生严重恐慌。

当时，我正在神木县瑶镇公社河湾小学工作。我是1963年在贺家川中学初中毕业后，被聘任在这里担任民办教师的。国家困难时期，民办教师的待遇非常低，每年队里只给挣360斤口粮，补助三、四十块钱。到了1968年口粮不变，补贴虽然提高到五六十元，但对于自己刚刚组建的家庭基本上帮不上什么，当教师挣的只能顾住本人，而妻子和刚出生的小儿子的户口还在老家，属于农户。她们一年的收入只靠种几亩山地维持，家里没有男劳力，又无存粮，面对这样的灾年，全家的生活一时间陷入前所未有的困境。

大哥刘晓峰深知我们的难处，于是捎书转信让我们全家立刻上瑶镇公社宫泊大队，在他当时的家里住上一段时间，度过这次灾荒。在此情况下，1968年8月底，妻子背着儿子从老家刘家畔出发，徒步250多华里来到瑶镇宫泊。其实，这时大哥的生活也并不富裕，他是1963年才调到宫泊学校的，第一年户口还没转去，两个儿子和大女儿已经出生，一家五口人，家底也很薄。突然再添上两个吃饭的，就成了一个不小的家庭，负担会明显加重。然而，大哥并非因为我们已经成家就放弃一直扛在自己肩上的责任，而像父亲一样，一如既往地管顾着我们的生活。

到了宫泊后，妻子和儿子就住在他们家里，靠大哥一份微薄的工资和有限的口粮支撑着一大家人的生活。就这样，在他家吃了半年多的饭，直到第二年的春天，经瑶镇公社研究同意，我妻子和儿子两个人的户口落在了河湾大队，这才在这里安了自己的家。瑶镇的宫泊和河湾一带，地广人稀，土地肥沃，农民只要精心劳作，正常年头吃饭不存在大的问题。妻子参加队里的劳动，挣工分，孩子由大嫂在家里照看。从此，我们告别了吃不饱肚子的日子，生活有了保证。回想这一切，都得益于大哥和大嫂的无私奉献和帮助。

总之，大哥是一个十分疼爱家人，孝顺父母，重情重义的人，也是一个在小事上糊涂、大事上精明的人。无论是在生活中还是在工作中，遇到较复杂的问题他都能沉着冷静，应付自如。在他的一生中类似的事例很多，我在此仅列举一二，以表达对大哥深深的怀念。

刘晓川

2022年11月

踏着兄长的足迹前进

——追忆大哥刘晓峰

一转眼大哥离开我们已经两年零四个月了，一想起他的音容笑貌和过往种种，不由得悲从中来。虽说生老病死乃人之常情，而我自己也已古稀之年，但就是情不自禁。因为对我们所有兄弟姐妹，特别是对我来讲，他可不单单是大哥，他对我们的关爱，对我们的付出，对我们的影响，说得夸张一点怎么形容都不过分，所谓长兄如父、父爱如山，我们可是都有着深入骨髓的体验。

大哥出生于1936年，长我15岁，是家中老大。到了上学年纪，父母虽然都是地地道道的农民，又不识字，但他们那时就已经都是共产党员了，父亲还是村党支部书记，思想一点也不保守。他们明白读书的重要性，正好当时外婆她们村有学校，于是便送大哥到外婆家读书。而大哥也仿佛非常理解父母的良苦用心，小小年纪便十分懂事，基本都是半天上学半天干活儿，其间还因生病和灾荒耽误了两三年，加上又结婚成家，就这样断断续续一直到1951年才将小学读完，但他的功课却一点都没耽误，当年7月榆林师范学校招生考试，神木片区57人参加，只有4人过关，而他不仅是这4人之一，而且还夺得了"状元"。1954年5月，年仅18岁的大哥以门门优秀的成绩从榆林师范学校顺利毕业并被分配到神木县贺家川镇彩林小学任教，成了我们家族第一个"吃上皇粮"的国家正式职工。

可就在全家都为大哥欢庆祝福的喜悦气氛尚未散去之时，一个噩耗突然降临，1955年农历二月初三，刚满45岁的父亲因病医治无效撒手人寰。当时我才4岁，三哥11岁，二哥17岁，最年长的大哥也才19岁，父亲患病3年到处寻医问药，经济上欠了不少债。今后怎么办？本就少年老成的大哥在经历了丧父之痛后似乎更趋成熟和坚强，在母亲坚决支持下，他毅然秉承父亲遗愿，勇敢地挑起了家庭重担。先是变卖家产还清了全部债务，随后又将二哥、三哥领到他所在学校供其上学，留下我和母亲在家相依为命。第二年，我也跟大哥去了他的学校，住了一个多月，虽然每天能吃一个白面焙子，但终因年龄太小想念母亲跑了回去。二哥初小毕业后为了生计，加上年龄偏大，就在学校代了两年课，招工到西安铝厂，结果1960年又离职，随后就一直跟着大哥在县内多地辗转工作，几乎一生都和大哥在一起。三哥初中毕业后也在大哥推荐下当了民办教师，后转正并上了工农兵大学，毕业后分配到伊克昭盟（今鄂尔多斯）工作一直到退休。两位兄长不仅上学、工作完全得益于大哥的拉扯，就连结婚成家、子女上学就业都没离开过大哥的帮衬。

我自己也是9岁便开始跟随大哥上学、生活，结果不久就得了一场腿疼病，前后两次住院3个多月，两次用担架抬了100多里，去找省里的医生，术后好长时间才得以恢复，为此休学2年多。14岁时大哥给我转学到伊克昭盟伊金霍洛旗新街学校。初中毕业后，大哥征求我的意见，一是下乡，二是像几位兄长一样当民办教师，三是当兵。我当时也没什么主意，还是大哥给我建议：当兵。不花钱、锻炼人、新途径，值得闯，于是我入伍到了新疆，一去就是8年。退伍后又面临去哪安置，又是大哥，建议我再回伊克昭盟开辟新天地。伊盟地广人稀，民风淳朴，资源丰富，潜力巨大。几经周旋，把我的安置手续从神木经陕西、内蒙古安办转接到伊克昭盟，最后安排到了伊克昭盟公安处武警科。不知是本人运气好，还是大哥这一番操作太有远见，至此我的工作、事业、家庭全都一路顺风，终于有机会也有条件踏着大哥的足迹，为大哥分忧解愁，为家族贡献力量。在武警科工作没几年，正好赶上武警部队改革，盟市一级成立武警支队，武警科干部集体转现役，我从后勤处助理员、副处长、处长、副支队长一直干到政委，后二次转业到盟委任副秘书长，2011年退休。其间伊盟地方经济借改革大潮突飞猛进，羊、煤、土、气享誉海内外，教育、科学、文化、卫生等各领域百花齐放，经济总量、财政收入连年稳居自治区之首。经济的繁荣、社会的进步，必将为就业、创业提供前所未有的大好机会。

大哥帮过的亲属虽然我知道得并不详细，但肯定比我多得多，而且他不仅帮亲属，帮朋友也不少。他在外贸局工作期间就曾帮助100多名职工家属、子弟及大学毕业生就业，退休后自己办公司也曾招聘几十名大学生和邻里乡亲。平时谁家有困难，只要他能帮上的，不管出钱出力，他都不会袖手旁观。所以他的威望，他的口碑，从家族、乡邻，到他工作过的单位，相处过的领导和部属，几乎一片称赞。这一点仅从他的葬礼上便可略见一斑。大哥是2020年2月29日去世的，当时正值新冠疫情蔓延，村镇封闭，道路不通，车辆停驶，饭店关门。就在如此紧张局势下，整个治丧期间，老家刘家畔，前后仍有上万人前来吊唁，花圈花篮、挽联挽诗不计其数，范围涉及陕西、甘肃、宁夏、山西、内蒙古、广东、河南、四川、北京等数十省市，人员包括新中国成立前的老革命老领导、在职时的老同事老部下，级别有省部级、厅局级领导，也有普通干部职工和人民群众，至于家族成员、亲朋好友更几乎悉数到场。送葬人数之多，场面震撼、规模空前。他仅是个处级干部，会有如此，这一点只要探寻他生前的点点滴滴，答案自会揭晓。

除了他待人真诚、先人后己的处世之道，低调朴实、俭约自律的生活作风也是他人格魅力的闪光之处。别看他对亲人、对朋友、对他人重情重义，一掷千金，他对自己却小气得很，有时甚至达到了抠门的程度。记得我在新疆服役期间他去看我，返回时我送他到伊宁市，中午在一小饭馆吃饭，剩下半个馒头，连我这个天天被教育不能剩菜剩饭的老兵都没在意，他却很熟练地用纸一裹放进自己包里说要留着路上吃。望着他那略显疲态的身影，我不禁感慨万千。当时他在瑶镇公社任教育专干，工作本就很忙，我们家里又那么多事，他还千里迢迢跑来看我，哪都要顾，哪都得管，40岁不到的人，一副历尽沧桑之感。为了这个家，他究竟吃了多少苦，受了多少累？为他人可以慷慨解囊，自己却如此省吃俭用，这份情怀，这份品德，当真不是谁都做得到。那时我就立志：不为别的，单就大哥这份情、这份义，我也得好好奋斗，争取早日为他分忧解愁。2003年，我在北京做开颅手术的前一天，他又去看我，凌晨3点多从神木搭一大货车到山西朔州，又坐长途汽车，晚11点赶到医院，一位69岁的老人，连续坐车20多个小时，不顾劳累和我住在一起，开导鼓励我放下包袱，配合医院好好治疗，给了我很大力量和感动。是他自己没车还是不懂得舒服？当然不是，那时的他不仅自己有车，而且还有公司，原因无他，秉性也。谈完病情，老弟兄俩自然又谈到了许多家务事和他公司的事，和在30年前新疆那次看我相比，这次我虽然是个病人，而且开颅手术风险很大，但心情却比那次好得多，因为在大哥的谋划下，基本实现了当年"为兄分忧"的夙愿。

说起他的俭朴，在我的印象中，他一辈子几乎都是夏秋白衬衣，冬春中山装，平时粗茶淡饭，偶尔大方大方，不玩儿不赌，不贪不占，仅抽烟不喝酒。当教师当干部时是这样，当经理当主任时也是这样；没钱时是这样，有钱时还是这样。2014年，他当时应该算亿万富翁了，有一次在北京一理发店理发，进都进去了，一问价格嫌贵，扭头就走，最后还是回到榆林才理的发。2017年，我女婿提任某单位负责人，大哥专门将其叫去，嘱咐他专心努力工作，别贪占公家分文，别收受他人财物，并给她一笔现款，既做生活补贴之需，也算对他成长进步的奖励。他就是这样一个人，该花的几十万元、几百万元眉头都不皱，不该花的十元八元都抠住不放。有一次他请乡亲们吃饭，以感谢对他回乡创业的支持帮助，吃完每人又给发了一万元钱。

还有他退休后辛辛苦苦打拼出来的采兔沟治沙育林基地，光投入前前后后就几千万元（大头是借贷），县政府兴建水库，谈征用补偿时领导一句"县里没钱，以后其他方面弥补你"，然后象征性补偿了事。别说换作他人，我们几个都不是很理解，这种机会不漫天要价就不错了，成本钱总得给吧，否则借贷窟窿怎么办？真相信领导说的"以后"吗？而他却毫无怨言，还劝说我们要以大局为重向前看，要体谅县里的困难。令人想不到的是，如此概率的"以后"居然真让大哥给等到了，还真应了那句"好人必有好报"的民间俗语。

如果说生活中的大哥低调朴实的话，那么工作中的大哥可一点都不低调、不含糊。大哥家庭负担这么重，拖累这么大，会不会影响到自己的本职工作？一般人肯定会，但到了大哥这里，不仅不会，而且还会变成动力和源泉，愈挫愈坚，愈压愈强。他的工作经历相对简单，前20年教书，后14年经商，中间8年在公社当干部。

从教20年又可分为两个阶段，前十年在南部山区，后十年在北部半农半牧区。那时候乡村小学一般都只有一两名教师，除了语文、算术，还有音、体、美小三门也都得会，还有早操、课间操、课外活动、儿童节、元旦等活动都需要亲自组织，特别是安全问题更得格外操心。他从教的第一站是贺家川镇彩林小学。第二站是沙峁镇刘家坡小学，这里是他第一所母校，也是外婆、舅父他们居住的村子。所以他也干得更认真、更卖力。在这里，因为表现突出，他入了党，并被提拔为主任教师（类似校长）。以后又走了几个地方，不过时间都不长。1963年8月他被调往北部平原起鸡合浪公社（后划归锦界镇）任学区负责人兼宫泊学校校长。当时由于国家投入不足，大队又无来钱之处，学校条件很差，全大队人口上千，在校生却不足百人，远不能满足附近200多适龄儿童之入学需求。为此，大哥开动脑筋，集思广益。几年下来，学校面貌焕然一新。并且，宫泊很快办起了初中，还有针对性地招了个农科班，后来又在大哥的全力争取下，创办了全县第一所正式立项建设的林业高中。这一时期的宫泊学校，教学质量与升学率几乎与全县最好的神木一中齐名，是宫泊学校最辉煌的时期，同样走出去不少人才。

在马镇公社8年，他从副主任干到书记，他带领大家建水库、扩良田、修公路、通高压电，改结构、提效益，其中最有创意的是开办农民服务部（乡镇企业雏形），集体所有，公司化经营，主打农副产品和轻工产品，农副产品以出为主，轻工产品以进为主，一进一出，经济活了，农民富了。一时间马镇公社声名大噪。也难怪，这对向来保守落后的陕北小镇来说，以前可是做梦都不敢想象的。而大哥的眼界和胆识，也由此可见一斑。

也不知是否与马镇的经历有关，正当他准备就服务部大做文章的时候，同年10月，县委调他出任县外贸局局长兼外贸公司经理，这个安排似乎有点专为他而做，仿佛在说：局长、经理一肩挑，路都给你铺平了，有多大能耐你就尽管使吧。不过了解底细的人都知道，此时的外贸局已经和外贸公司政企合一，自负盈亏，和财政脱了钩，100多人的工资都得自己解决。里面还有不少关系户。没有金刚钻，谁敢揽这样的瓷器活儿？可大哥就揽了。结果1984年当年就实现利润37万元，超过任务指标6倍多，加上地区返还、省厅奖励，小日子一下就上了个大台阶。1985、1986两年不仅利润成倍翻番，每年还上交县财政50万元，占全年县财政总收入的五分之一。外贸局俨然成了全县最吃香的单位，找关系、托人情的碰破头。但其中大哥为此究竟找过多少人，跑过多少路，操过多少心，吃过多少苦，又有谁能想得到呢？

也许又与单位业绩有关，1986年11月，大哥被提拔为榆林地区畜产公司副经理，经理因身体等原因，这个"副经理"实际与代经理差不多。1989年4月，他又调任地区经贸委副主任兼驻西安办事处主任。1993年办事处重归榆林行署管理后改任行署副秘书长兼驻西安办事处主任。这个办事处实质是以企业为载体，从事商业和对内、对外贸易的经济实体，后根据形势发展需要增加了接待联络职能并渐渐成为主业，实体企业则逐步剥离承包，走向市场化。在此期间，大哥一如既往地头脑灵活，拼劲十足，原则性、灵活性并重，对内、对外兼顾，办事处经济效益迅猛增长，接待能力全面提升，社会影响逐年扩大，非常出色地完成了榆林地委、行署赋予的历史使命和交办的各种事项。按年龄规定，大哥1994年就该退休，但因几个重要项目正在推进之中，一直延续到1996年项目完成才正式离岗。

退休后我们都以为他会在家享受儿孙满堂的天伦之乐，或者游山玩水，过过逍遥自在的日子。当时的他虽还算不上富人，但也衣食无忧，不缺钱花。更主要的是从懂事起就没有消闲安宁过一天，忙工作、忙家庭，忙完小家忙大家，即使是机器人，也得有个保养停歇的时候吧。好容易熬到功成名就、负担不再，可他却做出了一个超乎常人的决定：回神木农村承包荒滩，治沙造林。我们虽然知道他绝非一时心血来潮，但真想象不到有多少成功概率。说他不缺钱花，是指日常生活方面，要拿去治沙造林，恐怕连九牛一毛都不够，再说60多岁的人了，长时间在风沙肆虐、严寒酷暑中劳作，身心都是极大的考验。可他却说比起褚时健他还小着呢，原来他的目标竟是那个近乎传说的老人。难怪我们都跟不上他的思维和节奏。就在一众儿女亲朋无尽的不舍和担忧中，他带着全家七拼八凑，又动员15户乡亲入股的60万元，告别妻儿老小，背起行囊，只身回到自己曾经工作多年的瑶镇乡，在秃尾河畔采兔沟租赁300

亩撂荒地和三条河川，开启了极其艰苦的创业梦想。

刚开始，他住的是自己搭建的茅草屋，吃的是稀饭馒头加泡面。就在人们疑惑他缺钱少人、条件又苦，会不会后悔的时候，他不仅没被困难吓住，而且还抛出了更大手笔——在20公里外、毛乌素沙漠边缘的樱桃巴塄又承包了10万亩荒沙地，并注册成立了自己的企业——"绿之源有限责任公司（独资）"。这得要多大的胆识和魄力啊！他是没被吓住，可把我们吓得不轻。没想到经过几年苦干，采兔沟以拦河坝地等形式硬是把三条河川周边延绵的沙丘改造成了6000多亩育苗水地，并全部实现自流灌溉，尤其108、109号欧美速生杨种苗一度畅销陕北、山西、伊盟、锡盟、天津、新疆等多个地区，甚至还有点供不应求，当然经济效益也相当可观。同时还修通了连接外面的公路，建起房屋十几间，招聘职工80多人，汽车、拖拉机、推土机，耕牛、骡子应有尽有。樱桃巴塄建成小二楼1栋，窑洞13孔，招聘职工15人，打井上电，种草种树，首批治理面积就达13500亩，曾经几乎绝迹的山鸡、野兔也重返家园。采兔沟被县里建水库征用后，他的主要精力就放在了樱桃巴塄。到他去世前，又先后与中国华清集团公司合作成立"绿云川有限责任公司"，主营林木及农作物种植销售，兼营五交化、建材等，自己独资成立"益宝盛种养殖有限公司"，建成了初具现代化规模的肉羊繁育、加工、销售为一体的产业园区。其间不少老领导、老朋友（省部级以上就有十来人）如原甘肃省委书记李子奇等，以及在职的党政领导，包括时任陕西省省长程安东等都到他的基地考察调研，有的记者还以《老骥伏枥治荒沙　秀美山川一面旗——刘晓峰创办绿之源有限公司纪实》《五根木橼撑起的绿之源——治沙英雄刘晓峰小纪》为题将他的事迹见诸报端。有时候我不由得想：他白手起家搞到这么大的阵仗，钱从哪来？尽管我们家族近百口人全力支持，甚至连小孩的压岁钱和老人的养老钱都拿出来了，但对十几万亩沙滩而言不过杯水车薪而已。借，赊，谁敢给借？谁敢给赊？怎么还？别人想都不敢想的事，他不但想了，而且还做了，更重要的是还做成功了。

回忆他这一生，除了没战胜死神，就没有他克服不了的困难，没有他办不成的事情。说到死神，他还有一个本事令我们由衷佩服，那就是他还懂医术、会看病。虽然没参加过医师资格考试，但实际水平应该不低于普通乡村医生。什么汤头药剂、偏方验方都有研究，有时甚至还能做小手术，不少乡亲和他的学生都接受过他的医治。原来早在父亲重病寻医之时，他就萌生过学医的想法，不久又眼看母亲和三舅相继病逝而束手无策，接着三哥和我又重病，接二连三打击之下，治病救人一度成了他颇为执着的理想信念。所以尽管当时公事私事一大堆，他仍然挤时间翻遍所能找到的各种医书，最后索性跑到王官经等当地名医那里请教学习。宫泊学校那会儿，初中有医学课，讲授人自然非他莫属。这种专业课一般不容易讲好，但他讲起来深入浅出，以案说理，非常通俗易懂，反倒成了大家最有兴趣的课。

人们常说金无足赤，人无完人，可大哥在我们心中，几乎样样堪称完美。他思维超前，眼界开阔，所想所做基本与后来的政策和现实不谋而合。他布局伊盟，抢抓商机，承包荒沙，转型能源产业，与大型国企合作，他都比我们看得远；他做事沉稳，谋划周全，有些做法看似冒险，实则事先做足了功课，一切利弊早已成竹在胸。所有大小事务，轻重缓急，方法步骤，他都能拿捏得恰到好处；他意志坚定，韧劲十足，只要认准的事，困难再大，决不半途而废。无论家里家外，无论哪个时期，哪怕当时有半点退缩，都不会有现在的成果；他生活俭朴，低调谦和，他虽官至七品、身价过亿，但若仅从衣着打扮和日常生活等外表看，充其量也就是个有教养、讲卫生的老农民。他为人诚挚，重情重义，凡是和他打过交道的人，都会对他产生莫名其妙的好感和信任，然后新朋友变成老朋友，老朋友变成好朋友。在家族内部更是这样。如果说父母情、儿女情是法定义务，兄弟情、家族情则纯属道德范畴。拉你帮你是情分，不拉不帮是本分。有没有条件另当别论。但对大哥而言，他是把情分当作责任和义务来对待的，然后就是远亲变近亲，近亲变至亲。这一点我们不仅有目共睹，而且亲身感受到。所以大哥虽然去了，但他的精神永在！踏着他的足迹前进，就是我们每一个受益人最好的缅怀和纪念。

刘启维

2022年7月

要知松高洁　待到雪化时

——怀念表哥刘晓峰

　　2020年2月，接到了表哥刘晓峰去世的消息，我感到非常震惊，也感到非常悲痛。虽然我远在成都，但我的心已经飞到了我的老家——遥远的黄土高原上的神木。仿佛又看到了他挺拔的身影和坚毅的脸庞。我恨不能立刻赶到家乡神木去再看他一眼，送他一程。但是当时疫情暴发，各种聚集活动和出行都受到了限制。他的悼念活动也随之推迟。当时我只能遥望老家，默默地为他祈祷。

　　2020年5月，我接到了支堂的电话，得知表哥刘晓峰的悼念仪式将举行。我如期赶到了刘家畔参加了祭奠他的活动。活动期间有成千上万的人络绎不绝地前来悼念他，给我留下了深刻的印象。这也反映了我表哥刘晓峰生前的为人，受到了广大干部和群众的称赞爱戴和衷心拥护。表哥的在天之灵也得以欣慰。我也真心地祝他一路走好。

　　晓峰表哥的一生，是艰苦奋斗的一生，他以实际行动践行了入党的誓言。对党对国家他不愧是一个好党员、好干部、好领导。对家庭他不愧是一个好丈夫、好父亲。不论生活和工作他都是我们的好榜样。具体的事例太多，在他的传记中举不胜举。但对我们来说印象最深，值得我

和我大姐刘润莲、二姐刘宁生、哥哥刘梦虎永远感谢和记住的是他给他
二舅、我父亲刘长健编辑出版《刘长健革命文集》一书的事情。

我父亲刘长健是他的二舅，1912年出生在陕北黄土高原的神木县
沙峁镇刘家坡村。我的爷爷奶奶因病早亡，生活的重担早早地就压在
了我大伯刘长刚的肩上。为了摆脱愚昧和贫穷，刘长刚省吃俭用支助
他的兄弟刘长健念书。刘长健学习努力刻苦，考入了当时陕北的最高
学府——榆林中学。在学习期间他接触到了共产主义的进步思想，并
在1928年加入了共产主义青年团，后来又转为共产党员。父亲在一次
纪念苏联十月革命的活动时被国民党警察抓捕入狱。在狱中他经受了
严刑拷打，但他始终坚守住了党的秘密。后在他大哥和地下党组织的
不懈努力下，营救出狱。父亲不仅参加了神府革命根据地的创立，后
来又参加了解放全中国和建设新中国的革命工作。

我父亲一直有一个心愿，就是想把他几十年的历程写成回忆录，
以供进行榆林和神木的党史研究和后人的学习传承。在他几十年的生
涯中，他一直在为革命工作而忙碌，直到离休以后他才终于有时间来
完成他的意愿。为了完成他的这一想法，他花了几年时间，废寝忘食，
夜以继日地伏案疾书，终于完成了《刘长健自传》《刘长健诗词歌赋
选》和《麟州风暴》的写作。后者记录土地革命时期，英雄的神府儿
女在共产党的领导下同国民党反动派进行艰苦卓绝斗争，创建神府特
区苏维埃政权的英勇过程。回忆录和文章都写成了，但是怎么出版，
以什么形式出版发行，这就成了一个问题。在20世纪八九十年代，改
革开放不久，国家和人民群众都不富裕。我父亲一生两袖清风，十分
清廉，没有任何积蓄。要拿出一笔钱来出版他的这些著作，对他来说
绝非易事。因此他的这些著作编辑、出版、发行的事情就搁了下来，
直到1992年去世时他老人家的这一心愿仍未完成。

我父亲去世时，表哥刘晓峰已任榆林地区驻西安办事处主任，得
知二舅去世的消息后，他立即乘坐飞机赶到成都吊唁。在悼念大厅他

深深地向我父亲鞠了几个躬，带来了神木家乡亲人的亲情，并从头至尾参加了整个吊唁活动。也就是在那个时候，在他的心里就萌发了一定要把他二舅的这一愿望实现的决心。为什么他会有这个想法呢？当然和他的成长经历是分不开的。在他幼小的时候，为了读书求学他来到他母亲的娘家刘家坡。后来他的几个兄弟也相继来到了刘家坡。在老一辈的眼里，在当时荒凉贫瘠的黄土高原要改变自己的命运，就得让后代读书识字有文化。刘晓峰在沙峁读书求学期间就住在刘家坡他舅舅的家里，这一住就是 8 年。在沙峁镇上学期间，他不仅学习刻苦认真，还要抽出时间帮助舅舅们的家里干农活。正是在这样的艰苦环境里养成了他吃苦耐劳，积极向上，勤俭朴素，乐观大方，为人真诚，在困难面前决不低头的坚强性格和良好人品。他秉承了他大舅的聪明才智，他二舅为党、为国家的忠诚和奉献，他三舅的吃苦耐劳等做人做事的优秀品格。正是这段不平常的经历，为他今后的事业成功奠定了坚实的基础。几十年后，回忆起这些往事，他都满怀深情地说："没有刘家坡就没有刘家畔。"这是一句多么朴实的语言。但这正是表哥刘晓峰对他几个舅舅的真情流露，也反映了表哥刘晓峰对人真诚的高尚品格。

为了完成二舅刘长健的这一愿望，回到神木后他就立即着手开始了刘长健著作的收集、整理、编辑和出版工作。他当时还未退休，还在重要的工作岗位上担负着主要的领导工作，但他还是在百忙中抽出时间收集整理资料，并坚持了数年之久。在他退休以后，他更是把大部分精力放在了这个事情上。为了收集到翔实的资料，他多次不远千里北上南下寻找拜访二舅刘长健当年闹革命的老战友、老同事，请他们回忆当年一起在共产党的领导下，为推翻国民党的反动统治，建立新中国而浴血奋斗的故事，并一一收录。

资料搜集好后，编辑、出版、发行的难题又摆在了他的面前。说实在的，出版发行书籍对他来说，并不擅长。但一生从未被困难所吓倒过的他，为了完成这件事，不懂就请专家，找内行。他又多次专程去北京，找到出版社向专家请教、商谈此事。后来又把出版社的编辑人员专门请到神木收集整理资料，和有关人员座谈调研。在此过程中，他不仅多次亲自审阅几十万字的稿件并亲自做修改，还多次组织他二舅刘长健的亲友们座谈审稿，真正体现了他对大舅刘长刚、二舅刘长健、三舅刘长锐的一片真情。为了保证成书的质量，他亲自审查每一张照片、每一篇文章。从排版式样到封面设计，他都要亲自过问把关。细节决定成败，这就是他的一贯行事风格。在他的不懈努力下，克服了一个又一个的难题，《刘长健革命文集》这一10多万字的著作终于得到国家有关部门的批准，得以正式出版发行。晓峰表哥个人承担了《刘长健革命文集》的所有编辑出版发行经费。

2010年8月，在他二舅刘长健出生的家乡神木县沙峁镇刘家坡村举行了隆重的《刘长健革命文集》首发仪式。当天神木县委、县政府几大班子和有关部门领导，以及邻近乡村的干部群众近千人参加了首发仪式。我们兄弟姐妹：大姐刘润莲、二姐刘宁生、哥哥刘梦虎和我，也专程从成都赶回神木刘家坡参加了发行仪式，并为发行现场的热烈气氛深深感动。在现场，我们姐弟四人对表哥刘晓峰这些年来为了编辑出版《刘长健革命文集》一书所做的各种努力深表敬意和真诚感谢。

光阴似箭，日月如梭。此事虽然已经过去10多年了，但表哥刘晓峰为了出版发行《刘长健革命文集》一书，呕心沥血、四处奔走、夜以继日、不辞辛劳的所作所为仿佛历历在目。他对人的真诚无私和奉献的高尚品格，值得我们永远学习和铭记。

我尊敬的表哥，你就像高山之巅的一棵青松，挺拔、坚韧、顽强。不论在多么恶劣的环境下，依然会笔直地站立，正直、坚强。

刘晓峰，我尊敬的表哥，你虽然离开了我们，但你永远在我的心中，你二舅的在天之灵也一定会感谢你。

刘梦庚

2022年7月21日 于成都

四

永恒的丰碑

　　欲翠青山起父茔，再见音容梦几更。爸爸离开我们两年多了，但他的音容笑貌常常萦绕在我眼前。无数次的午夜梦回、无数次的辗转反侧、无数次的失声低泣，都无法缓减心中的痛。日子越长，对爸爸的思念越深，故提笔再想爸爸，以疗心伤。

爸爸是一片天　一片遮风挡雨的天

　　我们家兄弟姊妹多，是那个年代家庭的标配，日子也和那年代缺吃少穿的大多数家庭一样拮据。为了养活我们这一大家子人，爸爸总是起早贪黑地忙碌着，用他的睿智想方设法地为我们创造物质和精神养料。面对生活中的一场场危机，他总是挺着不屈的脊梁，沉着冷静地去思考、从容不迫地去应对，他机智果敢地做出了一个个常人难以抉择的决定，用永不言苦、永不言败、永不言弃的精气神，日复一日、年复一年终日奔波着，愣是把一个生活困顿的大家庭一步步拉出了困境，走上了富裕之路。日子好了，我们把爸爸的辛苦看在了眼里，也疼在了心里，都想着爸爸该歇一歇，该享一享安逸，但倔强的爸爸依然像一头不知疲倦的老黄牛，为我们撑着一片艳阳天。

　　就这样，我们几代人在这片天地中幸福地成长、生活着。直到2019年8月26早上8点半，一纸检查报告如晴天霹雳般打破了这一切，"肉瘤样癌"！我们一遍遍地看着，我们不相信，我们不接受！尤其在医生告知我们"在肺癌当中，每一百万病人中有这么一例，非常特殊、复杂，不能手术、不能靶向治疗、不能免疫分析，没有可行的治疗方案，只能做放化疗，效果也是因人而异"后，兄弟姊妹几个强忍悲痛，立刻达成一致，定下来"一切事情都要向爸爸的健康让路"的总原则，达成了要绝对保密、绝对控制好情绪的共识。明确了各自分工，我们投入了争分夺秒、倾全家之力找寻治疗办法的"挽救爸爸"的健康保卫战。我们轮番用不同的理由陪伴着爸爸，爸爸一点都没有察觉他的病情，每天同我们拉话至晚上一两点钟，有七八个晚上甚至通宵达旦拉话，给我们讲大家庭的往事、发展壮大的历程、社会上的见闻，用他几十年的人情世故，对每个熟悉的人、老领导、老同事、老朋友给了不同程度的褒奖，对家里大大小小的每个人做了不同的评价和认可。那段日子，我们贪婪地沉浸在和爸爸朝夕相处的快乐中，虽然每天早上醒来都会担心爸爸的病情，但每个晚上在爸爸身边枕着幸福入睡时，我们都觉得爸爸是健康的，都以为日子就会这样一天天过。

　　但再坚强的爸爸也抵抗不住病魔的侵袭，2019年12月25日，爸爸开始吐血了，情况已很不好了。商议后，我们把爸爸接回了榆林。到机场时，爸爸要小便，却怎么都排不出来，到家休息了会儿，觉得难以忍受。随即去二院上了导尿管，将尿液排出，爸爸轻松了很多，一回家就继续同我们拉话到晚上2点，似乎想把他能想到的都说与我们听。但这之后，爸爸的病情日益严重，情况一天不如一天。春节如期而至，到处是耀眼的红，但这个春节对我们来说，是灰暗的。爸爸忍受着病痛的折磨，我们心痛地盼着他每一天的安好。正月十四，爸爸闹着情绪执意要去隆德，谁都拦不住。我过去将爸爸拖回，安抚在沙发上，他一边喘着粗气，一边掉着眼泪。此时，他心里已然明白，自己将不久于人世，可怎么能放得下自己的事业和儿女呢？折腾了好几回，晚12时我们带着爸爸动身去农场，整整走了5小时。第二天，是元宵节，爸爸的精神更差了，脸色、眼神都没有一点光色，我们担心要出大事，晚上9时又从巴崂出发，晚11时到榆林直接住进了特护病房。一早，进行了全面检查，结果发现癌细胞已全身转移，肝、肾、淋巴、大脑都被侵袭，奢望中的奇迹破灭了！

　　2020年2月13日（农历正月二十），我们计划带爸爸去北京，爸爸知道去北京，喝了两碗米汤，情绪也好了许多。下午4时，我将妈妈接到病房同爸爸见面，爸爸给妈妈安顿了许多事，哭得说不出话来。妈妈表现得非常坚强，强忍悲痛不断地安慰着爸爸。在榆林的亲人们也都去见了爸爸。临走前，彩霞将我拉到隔壁房间，一边哭一边对我说："你一定把爸爸拉回来，一定要拉回来！"晚11时车队出发，2月14日（农历正月二十一）一早到了北京，住进了武警总医院。时值新冠疫情肆虐，北京防控很严，只许一人陪床，我们姊妹几个只能轮流陪伴爸爸，但就是这样的轮流尽孝，时日也已不多。2月28日下午5时左右，可能是回光返照的缘故，爸爸的意识突然间很清醒，安顿了三件事情，头两件说得非常清楚，最后一件有些模糊。2月29日早上9点左右，大夫告诉我情况不太好，让亲属们到场吧，但坚强的爸爸没等到争着赶来的亲人们，10点49分，爸爸在眷恋和不舍中咽下了最后一口气！爸爸走了，瞬间，我脑子里一片迷蒙，视线模糊了，整个世界变得死灰一片，一种掉入黑洞般的无助让我无比恐惧，爸爸不在了，我们的天塌了！

爸爸是一本永溢智慧的书

1936年农历三月十八日，爸爸出生在神木县沙峁镇刘家畔村。因爷爷担任村主任及刘家畔村地下党支部书记，红军将领刘长亮在我家养伤，当时红军处于低谷时期，刘长亮告诉爷爷奶奶，让这个孩子叫启红吧，寓意红军发展壮大。七八岁上学的年龄，爷爷奶奶把爸爸送到刘家坡读书，爸爸天资聪慧，勤快好学，即便是在离开父母暂住两个舅舅家每天想爹想娘，从学堂一放学就要干许多活的情况下，爸爸的成绩在同龄人及班级中也总是遥遥领先。爸爸的智慧不仅表现在学书本知识上，更体现在遇事的机智应对上。20世纪50年代初，神木几十名学生考榆师，当时说的是考语文和算术两门，可到榆林准备参考时，才发现还有一门叫政治的，这对于一个从乡村走出来的孩子，无疑是个空白。但小小年纪的爸爸，没有慌乱，思谋过后，他径直跑到了当时的榆林专署，找到在专署上班的远房舅舅说明了来意，舅舅给讲了几条重点，又给拿了几份报纸，爸爸不仅记住了知识点，而且掌握了答政治题的要领，最终奇迹般地以神木县考生第一名的优异成绩进入榆林师范学校学习。

爸爸的智慧不仅在学业上被人津津乐道，更是因不同岗位上出色的工作被人交口称赞。1954年只有17岁的爸爸中专毕业，被分配至神木县贺家川镇彩林小学任教，白天给学生上课，晚上备教案，还要帮助当地青壮年扫盲，参加各类社会活动，整天忙得不亦乐乎。凭借过硬的职业素养和品格，爸爸先后在彩林、刘家坡、桑塔、王家沟等小学任教，由教师、教导主任、校长，一路向前。1963年，爸爸调离南乡，进入北草地的瑶镇公社宫泊学校担任校长。宫泊离老家步行要走三四天，属半农半牧区。面对陌生的环境，爸爸也很快进入角色，及时掌握情况，用他的好人缘，广人脉，加上会看病的本事，一举改善了宫泊的教育局面。至今宫泊的群众提起他时都会个个跷起大拇指，赞不绝口。

1975年秋季，县委任命爸爸为尔林兔公社党委副书记，但县委一位领导说他了解爸爸，点子多、肯吃苦、能办事，建议放南部公社抓农业工作，于是，爸爸被改任为马镇公社的革委会副主任，主管农业和教育工作。当时马镇属于南部山区最偏僻、最落后、最复杂、人口外流最多的一个地方。在县委的催促下，经过思想斗争的爸爸赴任了。那天，爸爸让好友准备了一卡车炭，坐拉炭车去公社报到。去时正值午饭时间，几十名干部蹲在院子吃饭。汽车进大院时，一个大师傅跑过来，大声斥责："这么小的门，哪里的车？谁让你们进来的？你们是干什么的？"爸爸不慌不忙地说："我们是干革命的，毛主席、任书记、明政委、崔书记让进来的，你不让进的话我就回去了。"院子里一群人围来看热闹，这时崔来宝书记走出来看到是新来的刘主任，惊喜地说："晓峰，你打个电话让公社的车去接嘛，这是哪里的车？怎还拉一车炭？是给老人拉的吗？"爸爸说："这车带炭交给公社了，是我的见面礼，炭不要钱，但车不白给，公社能给多少给多少。"书记喜出望外，随即安排大师傅煮羊肉、和白面，所有在家领导陪爸爸吃了上任后的第一顿饭。第二天一早，爸爸起来看到院子零乱，破烂不堪，建议维修整理一下。书记说没有钱，爸爸说："那就让我来负责吧，你支持就行了，匠人工资公社出，小工干部上。"短短十来天，公社院子焕然一新。书记问花了多少钱，爸爸说两万多一点。书记大吃一惊，这么多钱，怎么办，公社拿不出呀！爸爸说："都安排好了，供销社出了点，特派员出了些，民政上出了一部分，但这些都是垫支，年终得还给他们，到时我想办法解决。"没几天县上开秋季农业测产会，散会后爸爸把神木县委任国义书记拉到一边请求8万的资金支持。那个时候8万是个大数字，但最终诧异中的书记慢慢被爸爸机智地说服了，同意给6万。爸爸表面上怏怏不乐，心里却偷笑了。这一炮打响后，社队

建成后的刘家畔通村公路

干部均对爸爸刮目相看了。2010年，几位老人在西安小聚，提及要钱的事，个个开怀大笑，刘县长感叹地说：那时候要资金都是单位打报告，县上撒点胡椒面，像爸爸那样要钱的还是第一个。

不久，公社安排爸爸包合河、柏梁堡、王家沟等四个村，合河是全县有名的烂杆村，组织不健全，赌博、偷盗成风，外流人员多，村情非常复杂，但经过爸爸近一年的努力整顿，合河村发生了根本性的变化，河堤工程修筑起来了，与周边几个村子的公路通了，人均口粮由200多斤增加到了500斤，群众的温饱问题解决了，烂杆村变成了先进村、文明村。在公社党委的支持下，爸爸在神木县城办起了马镇农民服务部，跑到绥德、米脂调山药新品种，远赴山东调花生种子。在爸爸呕心沥血的工作下，各项分管工作均得到了县上的表彰奖励，他的职务也不断地变化着，由革委会副主任变为副书记、管委会主任、公社党委书记，县上还给奖励了两级工资。

1983年，县委调任爸爸为外贸局局长兼外贸公司经理，此时国家改革开放已进入实质性阶段，给企业了相当一部分权力。但当时的这家公司名为外贸，实际工作就是买几张羊皮，收几斤猪毛，穷得叮当响，单位人心涣散，职工吊儿郎当。爸爸上任后，用他的智慧创新了工作思路，开拓了柳编、粉丝加工，搞起了百货批发、烟酒销售，思路打开了，销路畅通了，单位不仅被盘活了，而且一下子红起来了。特别是和西宁、兰州几家毛纺厂签订了供应羊绒毛合同后，利润强劲攀升，仅1985年就上交税利50多万元，占全县财政收入四分之一。任国均县长感叹地说："是金子放哪里都会发光，给刘晓峰创造一个更大的平台吧，让他好好施展施展拳脚！"1986年冬天，榆林地委任命爸爸为榆林地区畜产公司副经理。上任后，正值羊绒毛大战，爸爸审时度势地将内蒙古伊克昭盟、山西、天津和东北等地的羊绒毛购回，转卖给兰州、西宁等地，利润一年一个百万地递增，《榆林报》几次专题报道，地区领导几次专程调研畜产公司工作，并以此为契机实地了解考察爸爸。1989年春，爸爸被任命为榆林地区经贸委副主任兼榆林行署驻西安办事处主任、党委书记。到了更广阔的平台，爸爸工作起来如鱼得水，更是得心应手，不仅把单位的窗口作用发挥得淋漓尽致，解决了干部职工的诸多难题，还培养、推荐了一大批领导干部，为榆林的政治、经济建设做出了积极的贡献。

1995年爸爸光荣离岗，40多的工作生涯完美作结。爸爸的前半生，是用聪明才智和不懈求索拼搏书写的一本不畏困苦、充满智慧的书，每有困惑、每遇挫折，我们就会翻阅爸爸这本书，从中找寻力量和答案。

爸爸是一座永恒的碑

爸爸的墓碑是高大的，但再高大的墓碑也无法企及矗立在我们心中的那块丰碑。

爸爸是座披荆斩棘的碑。1995年秋天，刚刚离岗的爸爸怀着一腔热血，揣着一颗雄心，迫切地想再成就一番事业。通过深思熟虑，爸爸想在瑶镇这一带搞个实体，初拟了能源矿产、科技农业、土地开发利用和种植业、养殖业四个领域。当时他选来选去，拿不定主意，那天与我和二虎谈起，我建议先搞点林业建设，租上点土地，栽上些树木，投资相对小些，种上的树让它慢慢生长，爸爸听了觉得可行，经调研考察将地点选在了采兔沟。1996年春，大地刚刚解冻，爸爸就进沟了，亲自平整土地选调树苗，盖了间简易房，就安营扎寨，吃住在此了。一次我去看他，车怎么都进不了沟，步行几公里到了一看，不由得心酸落泪，一个退休的、有过大贡献的领导干部，一个见过大世面，还有老胃病的老人，在本该颐养天年、儿孙绕膝的幸福晚年里，住在没水没电的工棚里，吃的是浑浊的河水，点的是昏暗的蜡烛、马灯！当即我强行将他带回榆林，晚上彻夜长谈，心疼地质疑他沙窝子里能搞出什么名堂，苦劝他回家含饴弄孙安享晚年。爸爸听了非常恼火："你们就知道享受，不干事情，不搞事业，不吃苦，哪来的甜呢？"隔了两天他又偷偷跑到他的"新天地"去了。在爸爸的苦心经营下，经过几年的发展，采兔沟引进了樟子松、油松、落叶松、葡萄苗、樱桃树、红瑞木、银杏树等100余种树木，牡丹、月季等名贵花草树木也长势喜人，曾经的荒凉沙窝子，成了树的海洋、花的天地，成了人们争相观赏的沙漠绿洲。各级领导也纷纷前来参观指导。时任陕西省省长也曾带领省直有关厅局，榆林市委、市政府，神木县委、县政府200多人亲临现场检查指导，各级领导用"老骥伏枥，志在千里"的赞叹充分肯定了爸爸，给了他莫大的精神安慰和心理慰藉。

就在爸爸沉浸在开荒辟土、改天换地的成就中，满怀豪情、满是干劲迈开更豪迈的新步伐时，2000年，神木县决定，采兔沟林场将全部占用建设水库，爸爸听说后心如刀绞，自己奋斗多年的基地将毁于一旦。但作为一名党培养几十年的领导干部，爸爸忍痛接受，毅然决然地交出了他的"新天地"，噙着热泪看着多年的心血一点点儿地被水淹没。他憋着"你淹了我再建"的劲儿，随即东移至樱桃巴塄，承租10万亩荒沙，继续他的绿化事业。樱桃巴塄10万亩荒沙的治理，倾注了爸爸更多的心血。他平整了土地，修筑了道路，打了近百眼深井，铺了十几公里的高压线路，建了十几个蓄水池（均在5000m³以上），挫而弥坚的爸爸种出了无数坚韧挺拔的参天大树，有的高达四五十米，还有无数樱桃树、银杏树、葡萄、杏树、桃树，几亿株各类松树，铺天盖地的绿葱茏地闪耀着蓬勃生机，美得令人陶醉。爸爸深谙发展之道，樱桃巴塄不光种树种草，还办起了西北地区最大的饲养基地，养牛、羊、猪等牲畜。与此同时，常想故土、常记乡亲的爸爸近十来年还在老家投入巨资打坝3座，新建良田200来亩，在他的带领支持下，新修通了孟家塌至刘家畔、刘家畔至杨家畔、乔河沟至九垅、黄家塌至呼家庄几条公路。种树上瘾的爸爸还在老家栽植了2万株各类树木，对村里进行了硬化、绿化、亮化和美化，使偏僻的刘家畔变成了美丽的乡村。

爸爸是座奋勉人心的碑。1970年爸爸调入瑶镇公社任教育专干，同时任瑶镇公社党委委员、革委会委员，一个教了近20年书的人，一下子转入行政，要管全社近100名教师、近千名学生。既要完成公社革委会安排的各类事务性工作，又要蹲点两个大队搞大寨村建设，一个人顶几个人用。过年都是腊月二十八回家，有时甚至回不来，留守机关，但爸爸从无怨言，总是对妈妈说公家的事不能误，总是对我们说干工作要勤恳，千万不能偷懒。这是爸爸给我们的人生底色，让我们明白了责任和担当。几十年来，爸爸秉承"德高为师，身正为范"的家训师风，以身作则地教育我们：做人一定要低调再低调，交人是越多路越宽；要多吃苦，要肯吃亏；格局要大，胸怀要宽；做人要忠，做事要诚；大事要讲原则，小事要讲风格；要记人恩德，要看人长处，不能以得失论成败，从容不迫方得始终……言犹在耳，记忆长留！

1998年，爸爸同中国林科院北京林业大学合作，引进速生杨107、108、109，一下子将一个沙窝子变成绿树成荫、鸟语花香的塞上江南。省财政厅几十名青年团员慕名前来参观，正值午饭，几百人的大锅饭，当得知爸爸同工人同吃同住同劳动时，大家纷纷感慨爸爸的艰苦生活，排着队同爸爸合影留念。徐厅长动情地说："我们从刘老身上看到了什么叫奉献！什么叫敬业！什么叫执着！几十年来国家在防沙治沙上投资了多少钱？效果还是不明显，但刘老靠个人的力量治理了几万亩荒沙，榆林若有上200个刘老，榆林的沙化问题就解决了！"为表敬意，徐厅长随即掏出300元钱给爸爸，大家也纷纷掏腰包，爸爸一再阻拦，但大家就是不听，爸爸拿着大家塞来的5000多元钱，说："厅长的300元我留作纪念，其他的心意我都领了，但钱不能要！"那一刻，握过大钱的爸爸捏着大家的心意，脸上洋溢着受尊敬的耀人荣光，含着热泪笑得那么开心。

爸爸是座乐善好施的碑。在采兔沟征用过程中，县上专门成立了一个工作班子。那天副县长带领十几个人来和爸爸谈赔偿事宜，听到杨树每株5角，其他树苗每株不能突破2元的赔偿标准后，爸爸很是难过，但只是平静地对他们说："四五米的杨树一株赔偿5角，5角能不能将这棵树栽上？其他不能突破2元，买树苗一棵几十元，你们不突破2元？"多轮的沟通后，书记和县长对爸爸说建水库是全县人民的福祉，你作为一个有名望的老领导、老党员、老前辈，要支持县上的工作，该让步的必须让步，该牺牲的也要牺牲。两位领导还给爸爸拿来了10条芙蓉王烟，看着烟，爸爸笑骂说："你们两个坏家伙！我服从组织、支持你们的工作！"

大事上爸爸总是不忘自己老党员、老干部的身份，日常生活中爸爸也是能帮就帮，能助就助。路遇生活不宽裕的乡亲，他总会掏点钱给人家塞兜里。听说刘家畔的庙、白云山庙、龙王庙需要维修时，他一一出资维修了。这些年，经爸爸资助过的贫困大学生、贫困户、特困户、残疾人近百人，经他亲手培养的学生近千人。他因人施教，对不同的人和事采用灵活机动的"战略战术"，大家都说和爸爸交流、沟通、交往是一种享受。他过人的智慧、渊博的知识、崇高的情操影响着身边的每一个人。他的学生有相当一部分人走上了领导岗位，还有一些人进入了科研、技术、医药和卫生等部门工作。也有的成了劳动模范、致富能手，科技、学术带头人。

心怀至善和大爱的爸爸牵挂着很多人，人们也对爸爸常存感念。2020年3月3日早8时，爸爸的灵车从北京回来了，榆佳高速出口处，几十辆车、几百号人在出口处迎灵。祭奠完后，灵车带着爸爸在这块他奋斗过、生活过的城市绕行一周后一路北上。榆神高速路口、神木县城、刘家坡、杨家渠、孟家塔，每一个点都不断有亲朋带着子孙赶来迎灵、祭奠。上午11时灵车到了刘家畔地界，哀号长鸣，哭声呼天抢地，全村老幼，齐刷刷地跪迎爸爸魂归故里，爸爸若泉下有知，一定又会含着泪幸福地笑着！

言行至此，我也眼含热泪骄傲地笑了！我们做儿女的，能有您这样的父亲，心里发亮、脸上有光、身上有劲，底气十足，您是我们永远的自豪和骄傲！"家祭无忘告乃翁。"敬爱的爸爸，在您离开两年多的时间里，国家、社会和我们的大家庭均发生了巨大的变化。您走的当年，您的两个孙子走上了县处级领导岗位，他们志存高远，勇担重任，脚踏实地，在社会的生动实践中努力逐梦前行着。这个大家庭增添了四个第四代人，他们在您创造的优渥条件里健康幸福地茁壮成长着。我们的事业也日益兴盛，您最放心不下的房地产事业，等上了好机遇，您亲手盖的房、修的路、打的坝、建的水库、整出的土地，都日益展现出强大的生命力。您亲手办的10万亩林场、农场以及羊场，社会效益显著，经济效益明显。您亲手创办的能源企业、建筑企业一步步发展壮大，前景广阔。我们一大家子人都豪情满怀地踏着您的足迹，沿着您指引的道路，继承发扬着您的精神，阔步向前，迈向更加美好的未来！

爸爸的一生是辛苦的。生命不息，奋斗不止！如果说人间的甘甜有十分，那他只尝了三分；如果说生活的艰辛有三分，那他却吃了十分！但爸爸的一生也是甜美的，他历经坎坷却从不哀叹消沉，用自立自强、屹立不倒书写了一部可歌可泣的奋斗史，一部大家庭的创业史！青瓷盏具今还在，绿水茶香不见人。端起茶杯，再想爸爸！"树欲静而风不止，子欲养而亲不待。"心痛中再念爸爸！爸爸，来生若有灵，咱再为父子，我们以报父恩！

刘支堂

2022年8月14日

五

想念父亲

时光匆匆，不知不觉中父亲离开我们快三年了。任何记忆都会因时间的推移而变得模糊，可父亲的音容笑貌、身姿背影却在我心中仿佛变得清晰起来，父亲生前的点滴往事时常在我脑海中浮现。对父亲的无尽思念，时常让我悲痛万分。

父亲出生在一个小山村的普通农民家庭，姐弟5人。父亲19岁的时候爷爷突然离世，一家人的吃饭穿衣，以及弟弟们的成家立业，一个大家庭的生计重担过早地就落在了父亲肩上。我们兄弟姊妹相继出生后，家更大、人更多，在那个普遍困难的年代，很难想象父亲是如何维持这个大家庭生计的。而我们两代人却都能健康地成长、成才，这是一个奇迹，是父亲用心血和汗水换来的。

父亲一生担任过小学教师、校长和行政官员，工作单位从小山村、乡镇、县域、地区一直到省城西安。父亲无论干什么工作，都能做出突出的成绩，受到上级领导的肯定和干部群众的赞杨。我出生时父亲在一个山村学校当校长，50年后我们回到那个地方和乡邻们提起，都说刘校长是个大好人。有些人不知道父亲的真实姓名，只知道刘校长，说刘校长是我们当地的活菩萨，最疼爱的是穷人。可见父亲和老百姓有深厚的感情。

记得我小时候，那是一个人人饿肚子的年代。当时父亲在瑶镇公社工作。有一年时逢大旱，庄稼歉收，农民口粮奇缺。父亲就把当地的红枣、花生等土特产拉去内蒙古，冒着被扣上投机倒把帽子的风险一路巧妙周旋，换回了粮食，帮助困难群众度过了灾荒，受到了当地农民的爱戴。

父亲在神木县外贸局当局长时，到处寻找门路，把滞销的农产品远销内蒙古、山西、天津等地，实现了可观的经济效益，受到了县委的表扬。父亲到省城西安担任榆林地区驻西安办事处主任后多方协调关系，兴办企业、招商引资成果显著，为神府煤田开发和全区经济发展做出突出贡献。父亲退休后，老有所为，响应党的号召，兴办苗木培育实体，为当地农民创造了很多就业机会，也取得了较好的经济效益。当年的小树苗如今变成了参天大树，为子孙后代在不毛之地留下了几十万亩绿洲。每当我走在林场的林荫小道上，仿佛看到我最敬爱的父亲忙碌的身影。

父亲对我们子女的要求很严格，对我们的教育也很重视。每次回家不忘过问我们上学的情况，检查作业，查看试卷，解答问题。告诉我们要认真学习，遵守纪律，听从老师安排，做个好学生。长大后父亲经常教导我们要树立正确的人生观、世界观和价值观，工作后常要求不能搞特殊。我们兄弟姊妹的工作都是通过招工招干渠道取得的，父亲常常教导我们要实实在在做人，踏踏实实做事。父亲在我们长大成家立业后常说：儿女自有儿女福，不为儿女做牛马。看似不再关心我们，实际上是在鞭策我们努力上进。我们众多姊妹弟兄在各自不同工作岗位都有较为出色的表现。

父亲病了，病得突然，那时正是我们国家疫情最为严重的时候，我们兄弟姊妹多方托人，费了九牛二虎的力气才将父亲带到北京大医院去治疗。可是病魔无情，医生无力回天，我们束手无策。看着父亲痛苦的表情，我们心如刀绞，痛苦万分。父亲安详地走了，留给了我们宝贵的精神财富和无尽的思念。但愿父亲在天堂没有痛苦，幸福安详！父亲，这辈子做您的女儿我没有做够，下辈子我还要做您的女儿！父亲您放心，我们兄弟姊妹一定会照顾好我们的母亲，让她老人家有一个幸福的晚年！

刘璋玲

2022年8月

忆大伯

一生历尽艰辛，受人敬爱，勤劳一世，为子女的养育成才付出毕生心血的大伯，因病离开我们两年多了，岁月的流逝带不走侄儿侄女对您无穷的思念。您的音容笑貌、您的谆谆教诲时时刻刻印记在我们的脑海里，和您过往的点点滴滴仿佛就在昨天。

您老对我们姊妹四个在生活中的帮助我们终生难忘，在工作中的教导我们终身受益，您的言行，您的担当，您的抱负至今影响、激励、鼓舞着我们，您是我们学习的楷模。

长兄如父　无言以报

记得我们很小的时候，大伯在瑶镇公社任教育专干，父亲在大砭窑煤矿务工，大伯为了改善我们家的生活条件，同时为了方便父亲下班回家照顾我们姊妹，1973年根据相关政策把我们家的户口从沙峁镇刘家畔村（过去人多地少，靠天吃饭，温饱问题都难以解决）迁至瑶镇公社巴泥沟大队（当时瑶镇南部经济最好的村落），从此，基本解决了我们家的温饱问题。

父亲调到马镇葛富航管站后，为了照顾年迈的奶奶，我们家也随迁回到刘家畔村。我跟着大伯回到马镇读小学，在马镇一年半的时间里，大伯都让我和他一起在公社灶上吃饭，那时候人们生活水平都不高，他自掏腰包让我吃干部灶上的饭菜，在温饱难以解决的年代，能有这样的伙食对我一个正在长身体的孩子来说那是莫大的福气。

因工作需要，我父亲被调到外贸局工作。因父亲是劳动合同工，到神木外贸局后没有资格分配房屋，大伯把自己仅分的一套房屋无偿给我们家居住，而自己却租房住。父亲在外贸局工作以后，我们家里生活条件发生了较大改变，直到父亲退休。

2011年夏，父亲被检查出结肠癌，得知父亲病情后年迈的大伯立刻安排父亲转院到省城大医院就医，其间更是寸步不离地陪护在父亲病床前。在父亲病危时，他护送回老家，不甘心自己的弟弟就这样走了，又四处打听土方法，试图挽留父亲的生命。但天不留人，父亲在弥留之际，将我们姊妹四个嘱托给他一生最信赖的大哥。

父亲的去世对大伯打击很大，老人家舍不得他弟弟就这样撒手人寰，看到他老人家瘦削的背影让人心疼。父亲能有这样的好大哥，我们能有这样的好大伯心中甚是欣慰。他老人家一辈子为兄弟姐妹，为子女倾其所有，长兄如父，无言以报。

家族的骄傲　后辈的福荫

大伯对我们姊妹四个无论在就业还是成家方面都帮助很大，可谓恩重如山。大姐刘俊芳从1978年开始就跟着大伯在他们家吃住上学，直到结婚成家；大妹妹刘俊玲文化程度不高，后来在西安参军，复员后又到榆林行署驻西安办事处工作；小妹刘芳从榆林学院毕业后，回到神木当了一名教师。

转眼间两年多过去了，我时常想起大伯对我们的教诲，他平时对我们管教严格，我（刘宝宝）毕业后去参军，老人家经常鼓励我，在部队好好锻炼，将来回到地方是有用处的。复员后他推荐我到内蒙古鄂尔多斯粮油议价公司上班，后来由于经济体制改革，单位经营出现困难，他又安排我到他的企业工作。这些年我跟着他学到了许多企业管理上的知识和经验，也结识了不少成功人士。

老人家晚年后，每次从西安回到神木，都会将我们姊妹四个叫到一起，盘问近期生活及孩子们的学习情况，给予我们力所能及的帮助，他是我们刘家人的骄傲，更是我们姊妹四个的福荫。

行事果断　躬行节俭

我时常想起他老人家说过的话，做过的事。他老人家办事有方，知恩图报。在外他是党员、是领导干部，在家他是靠山、顶梁柱。

退休后，他开启了自己艰苦的创业之路，开始的时候家里人都反对，认为在荒沟里整地育苗投资大、风险大、收益小，前景不好，但大伯雷厉风行，行事果断，认准的事情无人能阻止，就这样我和父亲跟着他一起参加植树造林并发展养殖业。事实证明大伯独具慧眼，有异于常人的判断力和决断力，成功创造了如今这一番事业。

他躬行节俭，自己总是芒履布衣，不讲究吃穿，即使后来富裕了，生活也非常朴素，一年四季也不买一件像样的衣服，却对身边有困难的人非常大方，对老家刘家畔村的建设，对身边的亲戚朋友，对我们晚辈的生活都能慷慨解囊。

与世长辞　万分悲痛

"树欲静而风不止，子欲养而亲不待。"我们无论在什么岗位工作，大伯对我们都是言传身教，要求我们诚恳待人、踏实做事。如今我们安居乐业、子女成才，而他老人家在本该安度晚年之际却撒手人寰离我们而去，侄儿侄女万分悲痛。我们再也见不到如父般的大伯，再也听不到他的谆谆教诲，再也得不到他的庇护。我们失去了可亲可敬的大伯，失去了德高望重的长者，失去了坚强的精神支柱，您将永远活在我们心中！

大伯，您是刘家最大的功臣，您是咱刘家人的骄傲，我们后人因您而倍感自豪。刘氏家族在您的带领下蒸蒸日上，而您老人家没等我们尽一份孝心就阴阳两隔，我们深感自责和悲痛！

天地茫茫，原野苍苍，呼唤声声，悲鸿入耳，杜鹃啼血，隔世相阻，唯有不尽哀伤，借彩云悠悠、熏风习习而寄托哀思。

刘宝宝、高光丽、刘俊芳、姜永强

刘俊玲、姬飞宇、刘芳、张国檩

2022年7月6日

七

怀念大舅刘晓峰

时光荏苒，岁月如梭。大舅刘晓峰离开我们近三年了，然而任我们怎样悲伤，大舅却永远听不见了。我们痛失了一位生命中至关重要的亲人，从此再也无法听到他老人家对我们的教诲！他的音容笑貌宛在眼前，千言万语无法描述我们对他的怀念。大舅的一生留下了许多宝贵财富和厚重永久的爱，让我们永生难忘。他的精神永远影响着我们，激励着我们。

1. 家族的旗帜，亲人的守护神，后辈敬重的楷模

在我们的印象里，大舅中等个子，生活非常节俭（对别人却是慷慨解囊），常常穿着一双老布鞋（在他生活富裕时也是这样），日常穿戴饮食从不讲究。但是一双犀利的眼睛似乎能够洞察到每个人的心灵，在大家需要帮助的时候，他总会如期出现，他把家族的人时刻放在心上，用他的大爱关爱着每个人！就像大神守护着每一位亲人。

母亲姊妹兄弟5个，母亲排行老大，下面是4个舅舅，我姥爷去世时，大舅才19岁。我们最敬佩的就是妈妈家姊妹弟兄的团结。在大舅的带领下，不管大小事情，全家族都统筹安排，办成了一件件在外人看来办不成的事情。我父母是地道的农民，舅舅们年幼，加之工作学习在外地，无暇顾及外婆，父母除能帮忙照顾外婆（外婆在病重和离世期间，都由母亲照顾）及家里几亩土地每年的耕种收割外，照顾拉扯未成年的三个弟弟的重任就落在了大舅的肩上。当时外婆家生活极其困难，在大舅勇敢而坚强的带领下，姊妹弟兄积极向上，二舅、三舅、四舅先后参加了工作，而且都在管理岗位上，二舅正科级，三舅、四舅正处级。

我们兄弟姊妹7人，父亲又早逝，当时的农村因为交通不便，家

家户户靠打柴烧火做饭，但在我们的记忆里，我们家从来就没缺过炭烧。我们几个舅舅在那个年代每年都能用大汽车，沿着黄土遍地、坎坷不平的几十公里山路送来三五吨大块煤炭，这在神木南乡普通老百姓家庭是很不可思议的事情。

回忆起小时候的岁月，大舅对我们外甥一直是关爱有加。六七十年代，物资匮乏、生活困难是普遍存在的问题。大舅家也是个大家庭，自己的生活也是紧紧巴巴。但是，我们去他们家，他和大妗子总是把最好的东西给我们吃。他每次来看我们都要给我们带上几个碱饼子。那时候，走亲戚能带几个碱饼子是很重的礼物。我们兄妹多，生活困难，粮食不够吃，饿肚子是常有的事，大舅看在眼里疼在心上，帮我们家出主意想办法，用实实在在的行动改善了我们家的生活困境，也改变了我们兄妹的命运。记得1974年年底，我高中毕业，大舅到处打听消息，推荐我到乌海打工贴补家用。我回到家后，又是他建议我在杨家坪村当民办教师。1977年恢复高考时，我有幸考入了西安铁路运输学校，这是我人生最重要的转折点！

舅舅们看到自己的姐姐在农村一辈子，吃了很多苦，为了不让她们的贫穷辛劳在下一代人身上重演，四个舅舅齐心协力，将我大妹的家搬到了东胜，大大改善了大妹家的生活条件。又花钱将二妹的户口农转非迁到神木县城，给四妹在东胜成了家，脱离了农村老家。在大舅和二爹的共同帮助下，三妹在神木县城也有了正式工作。爸爸在病重期间，大舅多次来探望他。看到我爸被病痛折磨得瘦成一把骨头，将不久于人世，他心痛万分。在得知我爸最不放心的就是未成年的两个儿子（艺华、艺清），大舅和四舅坚定地说："姐夫你放心，我们一定会将两个娃娃的工作安排好。"爸爸脸上露出了欣慰的笑容。后来，大舅和四舅费尽周折，付出了艰辛的努力，兑现了他们给我爸的承诺，让他老人家含笑九泉。

大舅还时时关心着我们的发展，觉得我孤身一人在西安铁路系统工作，人生地不熟，发展前景不大，想把我调到榆林行署驻西安办事处工作，并给我规划了发展远景。后来听说我在那儿发展得也挺好，他也就放心了。对艺华和艺清也是一样，时时关注着他们的事业，希望他们能够有个好的前途。

百忙之中，大舅关心着每个家族成员的工作、学习、生活，不管谁遇到困难，他都能在第一时间及时出手帮助。近些年，我们在民间借贷、工作受挫和其他一些意料不及的重大变故中，都得到大舅的及时帮助，渡过了难关，重新树立起了对生活的信心。我们在感动的同时，更坚定地向大舅学习，在把自己日子过好的同时力所能及地关心帮助家人，决不辜负他老人家对我们的一片苦心。凡此种种，举不胜举，回想起总让我们泪流满面，感动至深。

2. 改革创新的急先锋，清正廉洁的好干部，老百姓心目中的父母官

平凡的外表下藏着一颗不平凡的心，也必然注定造就大舅一生的辉煌。20世纪80年代初，正是改革开放初期，人们的整体观念落后，固步自封。尤其是老区神木县，交通闭塞，经济落后，是有名的贫困县，老百姓靠天吃饭，温饱问题都得不到解决。那时候，大舅任马镇公社党委书记，他看在眼里，急在心上，针对当地实际，带领公社一班人，成立公司，收购黄土高原上出产的黄豆、绿豆等优质土特产，通过县外贸渠道，向日本、韩国等国家出口销售。这一创造性的举措，既增加了老百姓的收入，也搞活了当地经济，老百姓称赞道："咱公社这回可逢上能人了，这样干，还怕老百姓吃不饱饭？""没想到我们从土圪垯里刨出的东西还能换钱了，家里娃娃的上学费用和柴、米、油盐有着落了。"在当时那个计划经济年代，谁又能知道这些举措的背后，大舅下了多大的决心，承担着多大的政治风险？他的领导才能和发展经济的超前思维受到神木县领导的赏识，不久被调到县外贸局任

局长。这给了他更大的平台，柳编厂、腐竹厂、粉丝厂、养猪场等如雨后春笋般建成，出口绿豆、销售羊绒毛，为以农业为主的神木县经济注入巨大活力。在为地方财政做出贡献的同时，增加了群众收入，解决了当地老百姓就业和农副产品销售难等方面的大问题。凭着聪明才智和实干精神，大舅又从榆林地区畜产公司经理先后提任榆林地区经贸委副主任、榆林行署驻西安办事处主任兼行署副秘书长。每到一处他都能做出显著的成绩，谱写绚丽的华章。

大舅的一生，在我们记忆中就是一个人民公仆形象。他一心扑在工作上，吃穿从不讲究，老百姓亲切地称他"农民书记"。工作经历多在经济领域，但他却严于律己，廉洁从政，两袖清风，一心为公，在干部群众中树立了良好的口碑。

他对老百姓的感情是朴实而真挚的，每到一个地方任职，扶危济困是他工作的重点。他跟老百姓走得近、有真感情，遇到经济特别困难的家庭，总是在公事之外倾其所能，利用自己微薄的收入，全力帮扶。母亲在世时经常说的一句话："你大舅心软，最同情可怜人。"尤其是在马镇公社任职时，他走遍了村村队队，家家户户，给老百姓办实事，全公社男女老幼没有不认识他的，大家都亲切地说："刘书记真是咱名副其实的父母官。"

3. 逝者安息，大舅永远活在我们心中

大舅是一个坚强、务实、勤奋、智慧超群的人，退休后他白手起家，在老家过去工作过的地方大搞绿化造林。没有资金靠借贷，为了节省成本，大舅、二舅挽起裤管一起上。60多岁的老人亲自参加劳动，皮肤晒得黝黑，渴了喝口山泉水，饿了吃块干馍馍，在极其艰苦的条件下，咬牙坚持，古稀之年成就了大事业，正应合了习总书记提出的"绿水青山就是金山银山"的理念。在我们心目中，大舅堪比曹德旺，他的方方面面有过之而无不及，我们打心底里为他老人家骄傲、自豪。

　　我们相信大舅就是天上那颗最亮的星，在天上遥望着我们，守护着全体亲人。虽然您走了，但是血脉的情缘不会被时空的距离冲淡，您永远活在我们心中！亲爱的大舅，您的一生太累太累了，您好好地休息吧，愿您在彼岸的世界里，宁静安详，拥有一片新天地。

王艺勇、王翠娥、王青娥、王云娥

王雨娥、王艺华、王艺清

2022年7月

一代传奇

——悼晓峰姑父

今天

在距离您八十五岁寿辰

还有四十天的时候

您在北京城

带着对同日生辰老伴的一世牵挂

带着对七双儿女子孙的无限眷恋

带着对家族产业发展的宏伟抱负

带着对亲朋好友情谊的音容笑貌

您走了

永远地离开了我们

您化作洁白的仙鹤

驾云翱翔西去

今天

电闪雷鸣

天河倾泻

您走得是这样仓促

以至于我未能最后再见您一面

但是您的英名

将与日月经天

永恒同辉

将与江河行地

奔流不息

将与高山同在

万古永恒

您虽然走了

但是您的精神

永远是后人的前进动力

您的思想

永远是子孙的宝贵财富

看着您老人家的遗容

我不禁

伏案痛哭

您的音容笑貌

在我的眼前电影般地浮现

曾记否

在榆林农学院的火炕旁

您握着我的小手

谈笑风生

曾记否

您戴火车头帽

身穿羊皮大衣

风尘仆仆

顶风冒雪

到张家畔看望我们

曾记否

在子洲北山坡的窑洞

您和父亲纵谈古今变迁往事

曾记否

在西安金鹰

在曲江池畔

在榆兰酒店

在青山家苑

在苗圃林园

在传世宅院

您和我促膝长谈

语重心长

曾记否

在二十世纪最困难的六七十年代

您为了全家人的生活

东奔西跑

艰苦奋斗

曾记否

您开创性地发展了榆林的畜产事业

曾记否

为了榆林的改革开放

发挥桥头堡的作用

您把榆林办事处

发展到了极限

至今无人超越

曾记否

在我们遇到困难的时候

无论是精神方面

还是物质方面

您都给予我们无私的帮助

我记得

在您的人生中

从来没有气馁和软弱

从来没有认输和妥协

跌倒了

原地站起

揉一揉摔痛的筋骨

总结失败的教训

朝着自己人生的目标

大步继续前进

花开花落

花落花开

几起几落

无怨无悔

老骥伏枥

志在千里

烈士暮年

壮心不已

生命不息

奋斗不止

您一生

到今天整整走过了八十五个春秋

您一生博览群书

智慧超众

跌宕起伏

胆识过人

想别人之所不敢想

做别人之所不敢做

终于开创出了一片新天地

您为之奋斗的事业

终于结出了丰硕的果实

您亲自开拓的土地

现在已经是万紫千红的花园

可今天

您走了

您感到欣慰的是

您的儿女

在您的教诲下

已经成熟起来了

他们一定能把您开创的

伟大事业传承下去

一九三六年三月十八

您怀着宏伟的理想

来到了黄土高原

二〇二〇年的今天

您带着成功的辉煌

带着一身的疲惫

您回来了

回到养育您的黄土窑洞

回到您亲手修建的传世宅院

您将和这满山的青松翠柏相伴

您将在养育您的黄土地下永恒

您是一座不朽的时代丰碑

上面镌刻着

两个世纪的交替变迁

您是黄土窑洞里走出来的一代天骄

自爱自立

自信自强

在您身上

处处折射出

陕北黄土文化的不屈个性

您是高山顶上的云峰

俯瞰大地

让后人仰视望尘莫及

您是煤海波涛中的一座灯塔

如磐石定海

为共和国的巨轮贡献出自己的光热火花

您是一棵参天的大树

每一圈年轮

都告诉人们您不朽人生的轨迹

您是一部传奇的史书

每一页故事

都记载着您曲折精彩的脚印

高山垂首兮

万山默哀

草木皆静

窟野河无声兮

千河停流

顿失涟漪

亲人长逝兮

纸钱飞空

天哀地恸

今日悲泣兮

繁星落泪

阴阳分离

天堂走好兮

姑父晓峰

一代传奇

杨国荣

2020年农历二月七日晚写于观云书屋

九

亲情深似海　大爱重如山

——追忆表叔刘晓峰二三事

我最敬爱的表叔刘晓峰永远离开了我们，但他那亲切和蔼的音容笑貌却始终深深地留在我的脑海。晓峰表叔一生对我们全家的亲情和关爱，让我们记忆犹新，永难忘怀。

不是亲兄弟　胜似亲兄弟

记得儿时，父亲在神木县委、县农林局工作，我们全家在神木县城居住。母亲是家庭妇女，体弱多病，但每天还要承担繁重的家务劳动。那时晓峰表叔已从榆林师范毕业，在基层当教师，遇到星期天表叔就挤时间来我家和父母亲拉家常。拉到的话题主要是家庭生活，油盐柴米，我和我姐姐的上学情况，两个人工作中遇到的困难和事业上的发展，等等。当时我自己才七八岁，上小学一二年级，对大人谈论的这些话根本听不懂，但是总觉得表叔每次来家里父亲就特别开心，他们俩人经常聊得开怀大笑。父亲和表叔的关系虽不是亲兄弟，胜似亲兄弟。

当时家庭生活普遍都困难，表叔来了父亲和母亲总是拿出家里最好的米面蔬菜招待，而表叔不让做好吃的，常常是有什么就吃什么，从不嫌我家的粗茶淡饭。

"文化大革命"期间，我父亲时任绥德县四十里铺公社社长，被夺权靠边站，并且被打成走资派，每天还要接受造反派的批判。表叔得知此事花上盘缠路费，不顾车马劳顿，从神木赶到绥德专程看望了我父亲。为父亲排忧解难，让我父亲树立信心，不要灰心丧气，正确看待当时的政治形势。说：留得青山在，不怕没柴烧。让父亲保重身体，并巧妙地和造反派周旋。表叔数次往返于神木与绥德，就为关心和开导父亲，并且关心我们全家当时在绥德农村的生活。

父亲是在1992年下半年退休的，退休后的父亲有些不习惯，心中难免有些空虚和失落感。表叔知道父亲退休闲在家中无聊，在工作百忙之中抽空来家看望父亲，为父亲宽心。俩人互谈工作经历，互相勉励对方保重身体。父亲有喝酒抽烟的习惯，因此，表叔每次看望父亲，总是不忘给父亲带些好烟好酒，从不空手而来。父亲经常在我们子女面前赞扬表叔，让我们做儿女的要牢记表叔的恩情，要求我们必须有感恩之心。

2010年5月，父亲出现下肢麻木，导致行走困难。表叔得知这一情况后十分焦急，极力主张父亲去西安来看病。并说他在榆林地区驻西安办事处工作，联系大医院也比较方便。在表叔的热情建议下，我们子女同意并陪伴父亲去西安治病，住进了第四军医大学附属医院骨科，接受治疗约半月之久。

住院期间，表叔几乎每天去医院探望父亲。父亲出院后，表叔又接他到西安办事处住了一段日子。随后在渭南工作的二妹亚萍和四弟新科接去父亲在渭南居住，直至秋天才返回老家。后来终因父亲的腿神经坏死导致瘫痪在床，不能下地行走，外出溜达只能靠轮椅代步。表叔来家看望父亲时十分伤心，每次来家临走之时，都不忘叮嘱我们儿女一定要有孝心，耐心细致好好照应父亲的起居饮食。

父亲自2010年卧床到2017年冬季病故，在这8年多的时间中，表叔对父亲表现出的无微不至的关心和厚爱，给我们儿女乃至所有亲戚都留下了难以忘怀的深刻印象，特别是在我父亲病重的2017年，表叔每月都来一至两次，并给我们子女叮咛要勤换衣服和被褥。几次说到如果一个保姆忙不过来，就给顾上两个保姆伺候照应，保证病人卫生干净，保证病人不能受饿。叔叔细致入微的爱心胜过我们所有儿女。

父亲终因不敌年高与多年疾病缠身，于2017年农历九月十七日静静地走了。表叔得知后悲痛欲绝，捶胸叩首，携带子女们双膝跪拜灵前放声大哭，嘴中哭念着"姑舅我来晚了，你怎就不等我再来看你一回"，当时场景令人哀痛，我们众子女和在场的亲友跟着哭泣。表叔感人的亲情和无微不至的大爱为我们每个子女树立了终身的光辉榜样。

泽被晚辈　大爱至深

有一件事情让我没齿难忘。1962年秋季，晓峰叔叔由于工作成绩突出，被提拔为神木县胡窑则塌公社桑塔完全小学的校长。就是那一年，父亲的工作也由县农林局调往陈家坪公社，担任社长。父亲从县城调往农村，家庭遇到前所未有的困难。母亲常年有病，伴有吐血病情，我们姐妹兄弟尚在年幼。表叔得知这个情况后，亲自来到我们家中和父亲商量解决的办法。最后表叔主动提出要带我去桑塔小学上学，生活及学习费用他全部承担。其实表叔家庭生活也很困难，子女也多，但他还是果断带我去了他工作的学校，供我上学。上了半年学，直至学校放了寒假，表叔才送我回到老家刘家坡。

在桑塔小学上学期间，我吃的是表叔的老师灶，而不是学生灶。因为老师灶的伙食比学生灶的伙食要好一些。我每月的伙食费都由表叔负担，报名的学费、买课本及作业本的钱都是表叔开支。

记忆最深刻是在桑塔上学时，我所穿的衣服都是姐姐换下来的，上衣和裤子不时出现破洞。那年冬天，有一次，我穿的棉裤裤裆被扯烂，表叔很细心，及时地发现了。白天裤子要穿，缝补不太方便，只能在晚上，表叔叫来学校五、六年级年龄大的女同学为我缝补裤裆。我当时只有11岁，坐在炕上围在被子里，等着让这些高年级女同学缝补。后来表叔嫌给同学们添麻烦，干脆自己找来针线亲自为我缝补。

表叔对晚辈表侄无微不至的关心赢得了学校教师和同学们的一致称赞。"叔叔白天教书忙，晚上为侄补裤裆"，这件事当时在校内外被传为佳话。除此之外，表叔在神木瑶镇公社工作期间，还带上三妹春芳在神木瑶镇插队，为的是要给三妹争取招工和上学的机会。最终，表叔争取到了工农兵上大学的名额，三妹被选送到西安医学院上学。

甥舅情深　世人楷模

表叔对他三个舅舅的关心，世所少有，被称为楷模。

我父亲长期在绥德工作，家在绥德，因此无法在身边关照我爷爷奶奶的生活，表叔便主动承担了这一义务。"文化大革命"期间，表叔看望我爷爷和奶奶的次数最多。要知道当时我爷爷是地主成分，戴着地主分子的帽子。在当时，一个革命干部外甥看望关心一个地主分子的大舅，是要冒一定的政治风险的。但他认为成分归成分，总不能剥夺生活的权利。每次去时都要给我爷爷买上他最爱吸的"兰州水烟"。没炭烧就给买炭，没零花钱就给零花钱，我爷爷经常赞不绝口。

"文化大革命"期间，我的二爷爷刘长健在四川工作，担任省人民检察院副检察长职务，被造反派夺了权，罢了职务，并打成走资派，接受造反派们的批斗。在此期间，表叔又冒着各种风险，数次往返神木与四川成都之间，不顾路途遥远，不嫌旅途颠簸，贴上路费盘缠去看望他的二舅，实在令人感动。我的三爷爷是农民又是富农成分，他也经常抽空上门看望。表叔的善举在我们刘家坡村留下了极好的口碑，村民们无不称赞。

表叔虽然离我们而去了，但他一生为我们全家的付出令我们刻骨铭心，他的无私和大爱为我们晚辈树立了光辉的榜样，也值得我们永远继承和发扬。他老人家对我们全家用"亲情深似海，大爱重如山"来形容和概括毫不过分，一点也不夸张。

唯有一点，就是在表叔病情危重期间，因为疫情原因未能看望表叔最后一眼，让我们深感遗憾。敬爱的表叔您安息吧！

刘农科

2022年7月

✝

怀念爷爷

回想起2015年1月18日，我们在机场送您去塞浦路斯，那天我和兴源很伤感，不舍您的远行，心疼您的付出。而今，在和您朝夕相伴生活四年以后，竟然要永远地分别了。

我俩深深地怀念和您在一起的每一天。吃过早饭您看着我们上班，晚上等我们吃晚饭，陪您看《新闻联播》，给您讲讲我们工作中的新鲜事，再听听您的想法和点拨。有人说，陪伴是最长情的告白，也是最温暖的尽孝，现在我们才体会到，人所有的付出，最终并不是为了他人，都是为了自己内心的安慰和平静。

始终没有觉得您离开了，因为我们还有那么多没聊完的天，没追完的电视剧，给您准备的好吃的和没拆封的新衣服。书桌上还放着您翻过的日历，喝过的茶杯，日常的药片和没抽完的旱烟……我觉得您就像每年春天回老家种树一样，过几天忙完就回来了。

您那么那么爱我们每一个人，从奶奶到家里最小的孩子，您每天嘴里念的心里想的，都是这几十口人的工作学习和生活。可能大家都觉得您说话严肃脾气急躁，但您心底里的柔软和对大家骨子里的在乎，这些年我越来越懂。

多想，再陪您吃一顿烤鸭，喝一碗稀饭，品一壶砖茶。多想，再为您披一件外套，叠一次衣服，换一双拖鞋。多想，再听您讲一个故事，训几句气话，笑几声呵呵。然而我知道这所有的多想，都随着您的离去，永远地遗憾在我们心里了。

您放心吧，虽然我们难及您的万分之一，但是我们都受您教导影响这么多年，我们都会努力认真地把自己做到足够好，每个人都好了，大家庭自然就好了，这样您就能彻底放心了。

　　这段不长的文字我写了很多很多天，因为每写两句就泣不成声。现在兴源和我还有小熊猫都很好，您的叮嘱我们一个字都不会忘记，我也知道，您一定会保佑我们的。

　　太想念，那些我们一起度过的时光。

　　太想念，那个深爱着我们大家的您。

刘兴源、李溪源

2020年4月24日 于西安

我的爷爷

　　每每提笔，没有开始，泪水已湿，十年之间我竟失去了至爱的爸爸和爷爷。我总想他们出现在梦中，还是老样子，高大宽广的身影，脸上露出盈盈的笑意，久久不愿醒来。我想伸手抓住他们，梦醒总是空余泪水，多希望每个梦都是真的，可事与愿违。爷爷离开我们已经两年多了，我总是不愿意接受这个事实，从来没有想过钢铁大山一般

刘晓峰和刘家畔村民合影（2002年）

的爷爷有一天也会离开。

爷爷非常平和睿智，经常讲他小时候和年轻时候的经历和事情，讲到快乐处，爷爷总是爽朗地笑着，边笑边说；讲到伤心处，我们不免酸楚难过，可是爷爷也还是含着笑意，娓娓道来。不管多苦难的记忆，在爷爷那里总是乐观向前的，就像我童年时候大家团聚在一起过年，那一大盘初一开年的鞭炮，总是红红火火地响彻夜空，似乎唱响着爷爷波澜起伏永不停歇而又总是乐观向前向上的一生。

爷爷是一个刚强的人。他少年丧父，不失志向，刻苦学习，奋力拼搏，稚弱的肩膀承担起整个大家庭生活生计的重担和重任，孤身带领全家走出艰难，走出困苦，走出那个遥远可爱又极度贫瘠的小山村，走向现在这个充满幸福和阳光的美好日子。

爷爷是一个饱受苦难的人。他老年丧子，父亲因病离世，无法想象爷爷承受了什么样的剧烈痛楚，又是如何度过那种钻心悲伤的日子。记得事发百天以后，我们一家首次去看望爷爷，我不敢直视，爷爷的声音很是低沉嘶哑，他一直在安慰我们，说了很多很多的话，就是希望我们坚强，过好自己以后的日子。临走爷爷握住我的手，越握越紧，死死攥住不想失去的感觉，那一刻，我知道，爷爷攥住的不是我的手，而是爸爸的手，我也紧紧握住爷爷的手，心中盼望他能坚强保重，我们也一定会好好的。多希望这一切都没有发生，那种失去至亲的痛彻心扉，没有经历的人是无法体会的。经过这些生死离别，我再也没有对鬼神的惧怕，相反希望他们常常入梦，因为那些别人惧怕的鬼神，正是我们朝思暮想却再也见不到的挚爱亲人。

爷爷是个慈爱的人。记得那是2003年，非典肆虐，我大学放假在家，有一天阳光晴好，我便和妹妹突发奇想，徒步从神木县城的家里到锦界巴嫪爷爷的大林场去看爷爷奶奶。我和妹妹正午出发，到了晚上八九点终于走到了那个满是荒漠蒿草，但是始终有光的地方，那就是爷爷奶奶居住的窑洞，那里犹如灯塔的亮光，瞬间让我和妹妹精神大振，赶紧奔向那温暖的窑洞。这9个多小时，徒步30多公里的经历，让我和妹妹的脚上全是大大小小的水疱，爷爷奶奶看着这些脚疱，听我们讲途中的经历，满是疼爱，但是脸上却带着笑意。这时，爷爷打开一个装满结了块的白砂糖的罐头瓶子，徒手掏出一大块白糖放在瓷碗里倒水冲开，让我们俩快喝。那一碗晶晶亮亮的糖水，是我和妹妹迄今为止喝过的最甜最甜的糖水，现在想来，琼浆玉液都不及它的幸福甜美；那一天爷爷赞赏的笑脸，也深深地镌刻在了我和妹妹的心中。我想那是鼓励更是激励我们，不要忘本不要害怕艰苦，虽然这经历不及爷爷小时候苦难的万分之一，但是爷爷还是很欣慰很开心。如今，再也见不到爷爷温暖的笑容，多少回忆再不能触碰，爷爷不喜欢我哭，他希望我们都快乐，即使遇到哭的事情，也要乐观地昂首阔步地走过去走下去。

泪水满纸，写写停停，不能成文，现在爷爷和爸爸已经在另一个世界重逢了，彼此相伴，他们也一定能生活得很好。也许对于离开的亲人，我们最好的怀念方式就是代替他们充实地去生活，活在他们不能再去经历的每一分每一秒，虽然这个离别的过程很难挨，但是对于我们后人，除了承受这种伤痛，也要替他们将余生过得尽量美满舒心，让在异时空关心我的爷爷、爸爸感到欣然和放心。

我想：有爱，被爱，这就是我们每个人生命和生活坚持下去的全部意义。爷爷、爸爸从来没有离去，他们一直活在我的心里，我的梦里，我的世界里。未来，他们也一直会活在后代的心里，梦里，世界里。子子孙孙，世世代代，永不停息……

最后我想借用这首《谢谢传递给我生命的人》，朗读给此刻在天上看着我的爷爷、爸爸。

谢谢您

把生命传递给了我

我是您的后代

我看到您经历过无数的痛苦艰难

也看到您曾经遭受失败挫折

曾经孤独地哭泣

但是我感谢您的坚强和韧性

为了生命存活而奋战

您付出了无比的代价

谢谢您活下来了

我们活下来了

我们身上流着您的血

您的微笑

您的悲伤

您的尊严和您的荣耀

都是我的一部分

我会带着这无比的智慧和力量

开创更美好的明天

来荣耀您

请您祝福我……

千言万语，化作思念。如果我们的爱都有来世，我希望我还是爷爷的孙女儿，爸爸的女儿，永远永远和永远……

刘慧

2022年9月

十二

我的爷爷

一个家族想要转变命运，除了需要自己坚持努力以外，还受整个家族环境的影响。唯有当整个家族出现一个真正的觉醒者时，才有可能彻底根除掉这个家族的"限制性思维"以及行为上的"程序化模式"。唯有这样才能最大化地转变这个家族的历史命运。爷爷就是我们家族中的"觉醒者"。他放弃了自己很多的习惯,唯一没有放弃的是对未来的理想,对别人的关注。不是每一个努力的人都会成功,但是"有人会成功"。不是每一个坚持的人都会成功,但是"有人会成功"。他用他的青春和一生全部的精力托起了全家的命运。

自打我记事儿以来,印象中的爷爷,除了普通话不普通以外,别的都普普通通。我爱我的爷爷,他是个很严肃且非常自律的人。大概就是因为严肃、自律,才会活得很孤独吧!

爷爷1936年农历三月十八日出生于陕西省神木县沙峁镇的刘家畔村。这是一个偏僻的山村,环境十分恶劣。满山都是黄土,缺乏宝贵的水源,若天不能及时降雨,地里将会颗粒无收,一年的辛苦也将白费,家人就得饿肚子。我也是从奶奶和家中长辈们的回忆中听说,山下几里之外的沟壑之中那个泥潭就是全村人的取水之处。想要家中有水可吃,每天就得早晨四五点起床,挑起担子下山挑水。然而辛辛苦苦从山下挑回来的水浑浊不堪,是不能直接食用的,还要放置家中沉淀清澈后才行,就这样日复一日、年复一年地生活着,爷爷就是在这样一个贫瘠的小山村成长为"一棵参天大树"的。

可能别人眼中,爷爷是个成功人士。成功人士的初始命运大概都是异常凄凉和悲惨。当年爷爷的父亲因病很早离世。一家6口人的生活陷于困境。生活的万斤重担早早地压在了十几岁的孩子的肩膀上,而扛起这万斤重担的孩子就是我的爷爷。即便环境如此恶劣,命运如此不济,生活如此无情,也没有压倒爷爷钢铁般的意志和一心想要转变命运的坚定信念。他很清楚人是左右不了自己出生的,看待任何问题都要积极乐观,命运不公平,出生的条件差,人是可以改变的,虽然他有权利抱怨,但他没有资格抱怨,因为生活还得继续。没有人的命运是完美的，而自己要做的就是比别人多勤奋一点，多努力一点。多有一点理想，生活才会好起来。他就是这么走过来的，唯一的理由就是他比同龄代的人更加乐观，更加会找寻幸福，更加懂得用左手温暖右手，相信明天还会更好。他用他的青春，他的毅力，他的智慧和勇往直前的脚步，缔造了一个强大的家族。如今家族已经将近百人，都吃上了可口的饭菜，穿上了温暖的衣服，住上了舒适的房屋，开上了名贵的车子，有了温馨的学习环境。爷爷凭一己之力努力改变村子的面貌，改变了家庭的命运，改变了村民的生活质量，在那个吃不饱饭的时代，是一项多么艰辛的事业和使命。

记得前几年有一次我和爷爷在卧室里闲聊，他说了一句话让我铭记于心。"做人可难了，做个男人就更难了，要有智慧，要有城府，有气量，有担当。"就是这样简简单单的一句话，让我体会到他这一路走来的艰辛。他很平凡，好像什么都给不了我，却又什么都给了我。

爷爷是我的榜样，他的一生很传奇，每一步走得都那么精彩。抬头有清晰的远方，低头有坚定的脚步，回头有一路的故事。我很惭愧，不能像爷爷一样及时觉醒，也达不到他的高度。等到我稍微懂点事儿的时候，爷爷已经老得像一个影子。但是从他的历程中我可以看到今天的幸福来之不易。都说爷爷是个大富翁，但是在我看来这个"富"其实是负责任的"负"，走过以后才知道，如果没有正确的思想，没有正确的方法，没有跟最优秀的人合在一起，没有持久的努力，是不可能成功的。就好像我想成为世界冠军，但我不想起早不想训练，也不想锻炼，不想学习，但我就想当世界冠军，那是不可能的。从爷爷的身上我能学到什么是高瞻远瞩，什么是雷锋精神，什么是奉献精神，什么是共产党员的钢铁意志和大局意识，以及吃苦耐劳的精神。是他燃烧了自己照亮了全家。

每次回家时路过熟悉的地方，都有关于爷爷熟悉的点点滴滴浮现在脑海中，爷爷的音容笑貌仍在我的眼前。虽然爷爷与世长辞了。但是他的精神会永远激励、督促着每一位家人和后辈奋发向上，居安思危。希望在天堂里的爷爷一如既往地庇护每一个家人都能平平安安健健康康，开开心心快快乐乐，精诚团结同心同德。"聚在一起是团火，散开也是满天星。"

刘浩

2022年9月2日

十三

记忆深处的爷爷

一口浓重的陕西神木南乡口音，是对爷爷最初的记忆，那时候还小，总以为长大了也是那样的说话音调，上了小学后还刻意地去学榆林本地方言。长辈们告诉我，出生不满3个月的我开始跟着爷爷奶奶直到3岁，他们说我的到来"剥夺"了属于五叔、小姑等长辈的幸福时光，他们直到现在还在"教育"我。

记忆中的爷爷是个刚毅、正派的人，也是个很严厉的人。是这个大家庭的家长，也是个一言九鼎的人，小时候调皮捣蛋的我总是被爷爷训斥，当然不光是我。这个大家子的每个人或多或少都挨过骂，但是这种骂以后永远也听不到了。记忆中的爷爷是个老小孩，充满了各种幽默风趣的经典故事与词汇，浓重的方言口音也引发好多有趣的故事。大姐曾经说过，爷爷见她们领导，问起姓名叫尚可战，爷爷非说人家叫个社科院，闹出不小的笑话。在国外的时候当地人和他打招呼，他大手一挥，脱口而出一句"哈啰"，惹得大家哈哈大笑。此种例子很多，每当想起这些的时候，我嘴角不由自主地挂着一丝微笑，这也是我巨大的精神财富。记忆中的爷爷是个成功的人，坚韧不拔的性格是我永远值得学习的榜样，他为人处世，为人民服务的精神，为老百姓甘做孺子牛的那种心态，退休以后发挥余热，植树造林、开垦荒地，使我深深地感到爷爷平凡一生的不平凡。记忆中的爷爷是我人生路上的"明灯"，一直指引着我的学习和成长，上学的时候我调皮捣蛋使大人头疼不已，但是只要爷爷出现，或者经过爷爷的一番"教育"，我立刻乖巧不少。那时候每年寒暑假去林场看望爷爷，他总是给我讲他过去的生活、经历、磨难以及幸福。当时我并不理解，后来慢慢长大终于理解了爷爷所说，明白了爷爷所想。

人总是越长大越相信宿命论，总觉得有些事情是怎么逃都逃不掉的，因为永远不会提前知道下一秒的变数。这几年我很难接受爷爷不在的事实，但又不得不承认人的记忆很靠不住，就像一块容易被消磁的破硬盘。过去的事情就像是画在沙地上的画，时间流逝，沙被风吹走，记忆模糊，最后化成茫茫的一片，再也无法分辨。这其实是人的自我保护功能，如果人都能记住过去的某个细节，永志不忘，那么一生中悲伤、哀痛、哀愁的画面就会不断地折磨自己，人也不能从悲伤的情绪里走出来。

"行正言信立门庭，崇德仁孝润村风。常忆祖父点滴事，箴言片语照我行。"爷爷永远离开了我们，但是与他一起的点点滴滴还一直影响着我，指引着我努力做一个有德行的人、高尚的人。而我也学着用他影响我们的方式，影响着我的孩子们，还有身边的人。

爷爷，我爱您，永远怀念您！

刘榆海

2022年9月

刘晓峰年谱

1936 年（1 岁）

4 月 9 日（农历丙子年三月十八日），刘晓峰出生在陕西神木沙峁刘家畔村一个农民家庭，小名启红。父刘贵全，母刘桂梅。

3 月 25 日（农历三月初三）刘志丹军长、宋任穷政委率领红二十八军解放沙峁镇。

12 月 31 日（农历丙子年十一月十八日），刘晓峰妻子杨秀林，小名改变，出生在沙峁镇杨家渠村一个农民家庭。

1945 年（10 岁）

下半年，在刘家坡小学上小学一年级。

1949 年（14 岁）

3 月，转入贺家川小学读小学高年级。

1950 年（15 岁）

农历腊月初二，刘晓峰与杨秀林（改变）在刘家畔村结婚。

1951 年（16 岁）

8 月，考入榆林师范学校。

1954 年（19 岁）

7 月，从榆林师范毕业。

8 月，被分配在神木县贺家川镇彩林初级小学任教师。

1955 年（20 岁）

3 月，调刘家坡初级小学任教师。

1956 年（21 岁）

3 月，调马镇合河初级小学任教师。

8 月，调贺家川镇刘家湾小学担任教师。

1957 年（22 岁）

2 月，调任沙峁镇刘家坡完全小学担任主任教师。

1958 年（23 岁）

8 月，在神木县刘家坡小学加入中国共产党。

1960 年（25 岁）

8 月，调神木县胡窑则塥公社（后并入太和寨公社）桑塔小学任校长。

1963 年（28 岁）

8 月，调神木县起鸡合浪公社（1966 年并入瑶镇公社）宫泊小学任校长、学区负责人。

1966 年（31 岁）

7 月，调大保当公社小保当小学任校长。

1967 年（32 岁）

1 月，调回宫泊小学任校长、学区负责人。

1970 年（35 岁）

1 月，任瑶镇公社教育专干、党委委员、革委会委员。

1975 年（40 岁）

9 月，提任马镇公社革委会副主任。

1979 年（44 岁）

9 月，提任马镇公社党委副书记兼革委会副主任。

12 月，经选举全票当选马镇人民公社管委会主任，全面主持政务工作。

1980 年（45 岁）

6 月，提任马镇公社党委书记。

1983 年（48 岁）

10 月，调任神木县外贸局局长兼外贸公司经理。

1986 年（51 岁）

10 月，提任榆林地区畜产公司副经理（副处级）。

1989 年（54 岁）

4 月，任榆林地区对外经济贸易委员会副主任兼驻西安办事处主任（正处级）。

1994 年（59 岁）

5 月，提任榆林地区行署副秘书长兼驻西安办事处主任。

1996 年（61 岁）

4 月，退休。

5 月，只身回到家乡神木县，在秃尾河畔采兔沟承包 6500 亩荒沙。

时任榆林行署副专员的贾建文批准拨款 8 万元资金，支持采兔沟治沙造林。

1997 年（62 岁）

以 200 万元资金在神木县注册成立"绿之源有限责任公司。"

以 100 万元买断神木县西沟乡和瑶镇乡 40 个自然村（樱桃巴塄）10 万亩荒沙 50 年的经营权。

1998 年（63 岁）

6、7、8 月分三次买断 107、108 号优质杨树种苗 37 万株，在北京大兴试验种植，三个月后获得成功。

绿之源有限责任公司，经过三年努力平沙造田 3500 亩，打机井 23 眼，配套机泵管带 23 套，购置喷灌机 2 台，配置 100 亩渗灌设备。种植苜蓿 1300 亩，造林 2200 亩。在 10 万亩荒沙上种植苜蓿、沙打旺、草木樨人工草地 5500 亩，人工造林 5000 亩。

1999 年（64 岁）

春，从大兴运回 107、108 号杨树种苗，培育 300 万株。

2000 年（65 岁）

春，出售 300 万株 107、108 号杨树种苗，销售收入 880 万元。

11 月，陕西省省长程安东带领副省长、省发改委主任洪峰，省政府秘书长王忠民，以及省水利厅、农业厅、林业厅和山川秀美办公室等部门的负责人，在榆林市委书记马铁山、市长张智林，神木县委书记、县长以及市、县两级有关部门负责人的陪同下在采兔沟林场视察。

2001 年（66 岁）

2 月，由于采兔沟水库建设，神木县政府征用了采兔沟林场的全部水地、种苗基地，所有树木及附属实施。

9 月，绿之源有限责任公司在神木宾馆召开"陕西·神木 全国苗木生产和交易座谈会"。

2014 年（79 岁）

10 月，注册成立"神木县益宝盛种养殖有限公司"。

2015 年（80 岁）

投资扩建肉（绵）羊原种繁育场，从澳大利亚引进纯种萨福克、杜泊绵羊 650 只。

2020 年（85 岁）

2 月 8 日（农历正月十五），因病在榆林市第二医院住院治疗。

2 月 11 日（农历正月十九），晚 11 时赴北京，次日在解放军总医院（301 医院）住院治疗。

2 月 29 日（农历二月初七），上午 10 时 49 分在北京 301 医院逝世，享年 85 岁。

后记

  屈指算来，《峰览云天——刘晓峰传》一书的写作已历时两年有余，今天终于脱稿。

  撰写刘晓峰先生传记绝非易事。如何才能将传记写好，将主人公写活，如何才能真实全面地反映出刘老先生波澜壮阔和富有传奇色彩的一生，对我来说，在写作方面是一次前所未有的考验。

  2014年，我曾给自己的父亲写过一本回忆录，刘老看到后给予了充分的肯定，认为"写好了"，并提出要我给他写一本同样的书。尽管刘老认可了我的写作水平，但当时我仍未敢答应，原因是他的影响太大，非一般人物可比，我深感笔力不济，难堪大任。如今老人家走了，当家人再次提出来时，从感情上讲，我真的是毫无理由再次拒绝了，并为之前的推辞深感内疚！此是其一。

  其二，刘老和家父年龄相仿，有大体同样的经历。都是从榆林师范毕业，先当教师后任公社教育专干。不同的是，家父终身从事教育，刘老后来搞经贸和行政工作。还有，20世纪70年代后期我在公社担任过"八大员"，部分参与了行政事务，对那个时期党的中心工作和干部群众的思想情形有一定的了解，可以充分展开想象书写这一段历史。这是我敢揽这部传记的另一种底气和自信。

  其三，也许是受我给父亲写那本书的影响，刘老在他迟暮之年写下了反映本人童年少年生活、家族发展和自己刚参加工作经历过的一些坎坷。这部分素材以故事的形式加以叙述，对事件的情节有一定的交代，特别是有不少人物的对话、心理活动等语言、行为的描述，较为生动地再现了当时的真实场景，虽不尽美尽善，但为前半部分提供了弥足珍贵的第一手资料，而这些有血有肉的基础性资料在刘老身后的今天是再也无法收集到的。

基于以上原因，我斗胆挑起了这副重担。2020年6月，开始编写大纲，征求有关方面的意见，形成了最初的传记目录。其间撰写了前半部分的第一、二、三部。2021年5月16日至9月3日，在刘支堂的带领下陆续在神木、榆林和西安等地采访了传主生前的十几位领导、同事、家人和亲朋好友，获得了大量有价值的第一手资料，有效地解决了自神木县外贸局以后资料空白的严重困惑，加上刘老生前留下的回忆片段，全书的基础资料大体到位。随后开始梳理资料、调整目录，集中时间撰写，夜以继日连续七个多月，于2022年3月刘老去世两周年前完成了初稿，接下来是漫长的审稿修改和资料补充。

人物传记是记述人物的生平事迹，依据书面、口述和调查资料加以选择性的编排、描写、说明而成，具有一定的史学性。在撰写上我注重把握了以下几个方面：

一是对传主的定位。传主是一名共产党员，国家公务人员，基层领导干部，而非商人。事实上，刘老在各个时期，也是始终以一个共产党员的标准衡量自己，以造福家乡人民为己任，体现了他的初心和使命。

二是在事迹的选取上。重点选了传主一生经历的具有重大影响的事件，无论是对本人的成长还是对社会的影响。

三是在真实性和评论尺度的把握上。真实是传记的生命。传记所反映的事迹本身，成就、贡献、行为、经验及对社会发展的作用，都是实事求是。对功过是非做符合实际的分析和客观公允的评价，用事实说话，不做任何夸大和渲染，以经得起社会的公认和历史的检验为标准。

四是正确处理真实性和文学性的关系。传记不同于小说，如果说传记文学也是文学的一种，那么它是严格的写实文学，决不允许随意编造。合理的想象可以使传主的形象更加丰富，也可以蕴含作者的情感和态度，但不能违背基本事实。在刻画人物上注重细节描写，生动传神的细节描写可以更准确地表现传主的思想、性格，引发读者的思索，使之从中获得更多的人生教益。传记的部分章节保留了原始资料在语言、动作、外貌、心理等方面的描写，引用、锤炼了传主极富个性的经典性语言，增强了作品的文学色彩和感染力，充分反映出了传主的思想风貌和本质特征，而非口语化。

五是在典型环境中塑造典型人物。一个人个性思想的形成必定受所处特定环境的影响，一定的社会环境造就一定的人，把人物放在所处的社会关系中去，立体地表现人物，从环境中说明人。刘老的一生与时代同呼吸共命运，传记不惜笔墨紧扣人物出生、成长、奋斗、所处的时代，对人物生活和事件发生的时代背景及社会环境均作了详细的交代和记述。插叙相关历史人物和事件不光写刘晓峰也反映了党的历史，神木的历史，神府革命根据地的历史和地方文化。

六是全卷的布局谋篇。以时间为经，事迹为纬，以事系人，以串珠的形式记述传主在各个时期所经历的重大事件，勾画传主的人生轨迹。各个章节之间，既前后关联又独立成章。在生平事迹记述结束后，我突破传统体例，加写了一节对刘老的评述——先生之风，山高水长，虽饱含深情，但唯恐词不达言，言不尽意。

关于书名，出自唐代大诗人李白的《宣州谢朓楼饯别校书叔云》一首诗。笔者化用其中两句"俱怀逸兴壮思飞，欲上青天揽明月"的诗意，谬改成"峰览云天"用来反映刘老先生的崇高境界。

在成书的过程中，笔者得到了有关人员的大力帮助和支持，特别是采访过程中，所有领导、同事、亲朋好友和家人都能热情接待、积极配合。他们所提供的大量具体、翔实的资料是构成本书的基础，具有举足轻重和不可替代的作用。先后接受采访的有：原宫泊学校同事王明智、学生王志刚；原榆林地区畜产公司副经理田德林；原神木县外贸局业务科长张昌清；同期担任孙家岔公社书记的刘买义；原马镇公社革委会副主任焦调瑜，林业员焦拖义，会计焦养正；原榆林地区煤炭运销公司总经理张宇；原国家林业部三北防护林建设局局长李建树；原中共榆林地委书记李凤扬，原西安办事处副主任张展望；原秦榆公司西安分公司经理李嗣高；原西安办事处招待所经理朱兆荣；刘公三弟刘晓川、四弟刘启维及刘公的几位子女。此外，中共榆林市委组织部、市委老干局，榆林市政府办公室、榆林市档案馆、榆林市委党史研究室等单位的有关领导和工作人员为审查书稿，复印、传送有关档案和党史资料提供了方便。

初稿完成后，随即交由亲友审阅。刘买义、杨国荣、张展望、王志刚、刘支堂、刘军、刘二虎、刘彩霞等亲友和家人，或认真审读全卷，或阅读有关章节，或浏览书稿，提出了各自的看法，校正了某些笔误和错漏。不久，笔者又将书稿传送中央电视台导演、资深媒体人石鲁北和北京师范大学出版社贾理智两位先生审阅。两位老师看了初稿后给予了充分的肯定，使笔者深受鼓舞。贾老师还对整本书稿进行了二次加工，使其语言和逻辑更加顺畅。

在此，我对以上所有接受采访、提供资料、提供帮助的领导和亲朋好友表示衷心的感谢。特别对李焕政、刘买义先生欣然作序，刘买义先生数次认真审读全卷，对贾理智先生、石鲁北先生为本书的修改、出版付出的辛勤劳动表示崇高的敬意和衷心的感谢，对杨国荣先生、杜平先生，对看过传记初稿、做过修改的所有亲朋好友表示感谢。

在写作过程中，我参阅了《中国共产党的九十年》《中共榆林党史》（一、二卷）、《红色神府纪事》《中国共产党榆林地区历史大事记（1919.5—2000.7）》《榆林市历史统计资料汇编（194—2008）》《神木县志》《神府革命根据地》《马镇镇志》《刘氏村志族谱》（神木刘家畔等村）、《刘长健革命文集》《胡耀邦传》《习仲勋传》《贾拓夫传》《安子文传略》《徐海东大将》《胡星元传》《陈智亮传》《苏振云传》《老骥

伏枥治荒沙 秀美山川一面旗——刘晓峰创办绿之源有限公司纪实》等文献资料和人物传记60多种，引用了一些背景资料和数据，参考了传记写法，我向这些书籍的作者表示深深的感谢和敬意。

为刘晓峰同志写传，仿佛是整整一个世纪的长足旅行，是同传主穿越时空的一次对话，是对传主一生及精神世界的深深思考和参悟，也是对作者在心力和体力上的双重考验。撰写这部传记涉及多方面的知识，700多个日日夜夜，"写作常在失眠中"。总之，尽管自己付出了最大的努力，但其中的疏漏之处仍然在所难免，恳请各方批评指正。

2022年9月6日午夜

高峻于榆林